Dirección editorial: María José Pingray

Diagramación: Soledad Calvo

Edición y corrección: Soledad Gopar

Asistente editorial: Jesica Ozarow

Producción industrial: Aníbal Álvarez Etinger

Mi primera enciclopedia / coordinación general de María José Pingray ;
editado por Soledad Gopar. - 1a ed. - Ciudad Autónoma de Buenos
Aires : Guadal, 2022.
304 p. ; 27 x 20 cm.

ISBN 978-987-3612-55-8

1. Enciclopedias Escolares. I. Pingray, María José, coord. II. Gopar,
Soledad, ed.
CDD 036

MI PRIMERA ENCICLOPEDIA

**MASCOTAS • GRANJA • DINOSAURIOS
CUERPO HUMANO • DEPORTES • ARTE • INVENTOS**

 el gato de hojalata

» CONTENIDO

Tu primera enciclopedia es un libro divertido que podrás recorrer a tu gusto o según tus intereses o leerlo de principio a fin.
Está repleto de datos curiosos e información sobre el mundo que te rodea. Además, podrás tener un primer acercamiento a otros temas nuevos que despertarán tu curiosidad e imaginación.

¡Aprende jugando, observa, lee y diviértete!

MASCOTAS

Características principales y datos curiosos

EL CONEJO ENANO

Características principales

Como todos los conejos, el CONEJO ENANO posee grandes incisivos[1], pero no es un roedor. Tiene las orejas largas; las patas, grandes y una pequeña cola en pompón. Mueve continuamente el hocico. Presenta pelajes de colores muy variados.

Descendencia

El CONEJO ENANO es una variante más pequeña del conejo común, es decir, del conejo doméstico que a su vez desciende del salvaje, o conejo de campo. Se lo cría en conejeras[2].

Alimentación y comportamiento

El CONEJO ENANO come verduras, hierbas y cereales. Huye del frío, el calor y el agua. Animal inteligente y fiel, puede domesticarse como si fuera un gato.

Datos curiosos

Hay muchas razas de conejos. El CONEJO ENANO apareció hacia la década de 1880 en Inglaterra. Debe tenerse en cuenta que un conejo puede causar grandes daños en el hogar. El conejo enano vive una media de 8 años, alcanzando a veces los 12 años.

GLOSARIO

1 INCISIVO: diente grande y muy afilado en la parte anterior de la mandíbula de los conejos y los roedores.

2 CONEJERA: sector de la granja en el que se cría a los conejos.

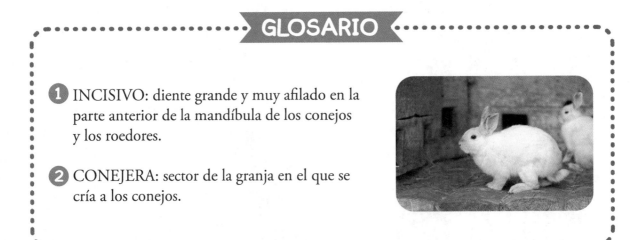

Tamaño

De 20 a 35 cm

90
80
70
60
50
40
30
20
10
0

Peso

De 0,8 a 2 kg

Hábitat

El conejo común vive en Europa y el oeste de Asia.
El conejo enano no se encuentra en estado salvaje. Procede del cruce artificial de distintas razas de conejos.

JUEGA Y APRENDE ¿VERDADERO O FALSO?

El conejo enano es un roedor.

Ⓥ Ⓕ

Tiene una cola alargada.

Ⓥ Ⓕ

Come hierba.

Ⓥ Ⓕ

Desciende del conejo salvaje.

Ⓥ Ⓕ

» EL HÁMSTER DORADO

Características principales
El HÁMSTER DORADO es un pequeño roedor[1] de cola y patas muy cortas y pelaje marrón, rojizo o negro. Guarda la comida en una bolsa llamada abazón, situada entre sus mofletes y la mandíbula.

Hábitat y comportamiento
En estado salvaje, el HÁMSTER DORADO vive en lugares cálidos y secos. Es un animal de hábitos nocturnos. En cautiverio tiende a realizar mucho ejercicio.

Alimentación
El HÁMSTER DORADO es herbívoro[2]. Sus grandes incisivos le permiten cortar verduras bastante duras. En cautiverio, se alimenta sobre todo de cereales.

Datos curiosos
Existen varias especies de hámster, entre ellas una que vive en Alsacia en estado salvaje. Algunos pueden morder con fiereza. El HÁMSTER DORADO es el más común entre los hámsteres de compañía. Suele vivir alrededor de 2 años.

GLOSARIO

1 ROEDOR: mamífero herbívoro que mordisquea los alimentos con movimientos de los dientes incisivos y los mastica con los molares.

2 HERBÍVORO: animal que solo come alimentos vegetales, como hierbas, hojas y cereales.

FICHA DE IDENTIDAD

Tamaño

De 11 a 20 cm

90
80
70
60
50
40
30
20
10
0

Peso

De 50 a 200 g

Hábitat

El hámster dorado salvaje vive en el sureste de Europa, Siria y Oriente Medio. Es una especie que se cría sobre todo en cautiverio.

JUEGA Y APRENDE ¿VERDADERO O FALSO?

El hámster dorado tiene grandes mofletes.

V **F**

Es un felino.

V **F**

Es un animal de hábitos nocturnos.

V **F**

Le gustan mucho los cereales.

V **F**

» EL RATÓN

Características principales

El RATÓN puede ser de color blanco, gris, marrón, negro o bicolor. No se diferencia del ratón gris o ratón común que vive en casas, cuevas y graneros. Es un roedor.

Ratones blancos

El RATÓN blanco es una especie albina[1] de ratón gris. Su pelaje es completamente blanco y tiene los ojos rojos. Esta especie no existe en la naturaleza.

Alimentación y crianza

El RATÓN es un animal muy activo y ágil. Come sobre todo cereales, verduras y pan. Junta provisiones y adora juguetear, pero tiende a escaparse a la primera oportunidad.

Datos curiosos

Conviven con el ser humano desde tiempos inmemoriales. El RATÓN vive en promedio unos 2 años y puede llegar a vivir hasta un máximo de 6 años.

GLOSARIO

1 ALBINO: animal de pelo, plumas o escamas de color blanco y con los ojos rojos. El ser humano también puede ser albino.

FICHA DE IDENTIDAD

Tamaño

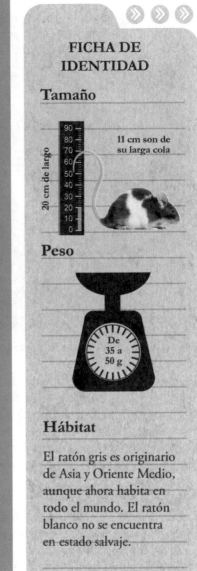

20 cm de largo

90 80 70 60 50 40 30 20 10 0

11 cm son de su larga cola

Peso

De 35 a 50 g

Hábitat

El ratón gris es originario de Asia y Oriente Medio, aunque ahora habita en todo el mundo. El ratón blanco no se encuentra en estado salvaje.

JUEGA Y APRENDE   ¿VERDADERO O FALSO?

El ratón es un roedor.

Vive sobre todo en las casas.

El ratón blanco es una variedad de ratón gris.

Se domestica con facilidad.

V   F   V   F   V   F   V   F

EL CONEJILLO DE INDIAS

Características principales

El CONEJILLO DE INDIAS o cobayo es un roedor. Tiene el pelo más largo y la cabeza más grande que el hámster. A menudo, es de color negro y blanco, o blanco y rojizo. Se desplaza sobre unas gruesas patas.

Hábitat y comportamiento

El CONEJILLO DE INDIAS salvaje vive en los altos picos de la cordillera de los Andes[1]. Es un roedor activo tanto de día como de noche, pero le teme a las altas temperaturas.

Alimentación y crianza

El CONEJILLO DE INDIAS es un herbívoro. Le gustan mucho las verduras, los cereales y el pan. Aunque es un animal bastante delicado, resulta fácil de criar.

Datos curiosos

Su nombre proviene del modo en que se denominó a América en un principio: las Indias. Se sabe que hace más de 3.000 años fue domesticado por los incas[2]. Como media, vive de 6 a 8 años.

GLOSARIO

[1] CORDILLERA DE LOS ANDES: gran cadena de montañas de América del Sur.

[2] INCAS: pueblo de América del Sur que vivía en los Andes, antes de que los europeos llegasen al Nuevo Continente.

Tamaño

De 15 a 30 cm

90 80 70 60 50 40 30 20 10 0

Peso

De 800 a 1.300 g

Hábitat

El conejillo de Indias salvaje vive en las montañas de los Andes, en América del Sur, entre los 1.600 y los 4.500 m de altura.

JUEGA Y APRENDE   ¡ELIGE LA RESPUESTA CORRECTA!

El conejillo de Indias pertenece a la familia de…

1. Los cerdos.
2. Los roedores.
3. Los delfines.

Come sobre todo…

1. Carne.
2. Sopa.
3. Verduras.

En la naturaleza, vive…

1. En el mar.
2. En las montañas.
3. En la selva amazónica.

EL HURÓN

Características principales

El HURÓN es un mamífero carnívoro; una especie domesticada de turón. Se le reconoce por su cuerpo muy alargado, cola tupida[1], cortas patas, cabeza con un hocico puntiagudo y el pelaje claro.

Domesticación

Es un animal muy inteligente que se acostumbra a vivir en una casa, aunque desprende un fuerte olor. Hay que enseñarle a no morder a sus cuidadores.

Comportamiento

Muy curioso y divertido, el HURÓN es muy juguetón. Duerme un mínimo de 16 horas diarias. Es un animal carnívoro[2] que se alimenta de pequeñas bestezuelas o de piensos[3] para hurones.

Datos curiosos

El HURÓN fue domesticado hace 2.500 años. Los griegos y los romanos, así como nuestros antepasados de la Edad Media, ya habían hecho de él un animal de compañía. Vive un promedio de 10 años y un máximo de 17 años.

GLOSARIO

1. TUPIDO: cubierto por pelos largos.

2. CARNÍVORO: que solo come carne.

3. PIENSO: ración de alimento seco que se da al ganado, pero adaptado a las necesidades nutricionales de los hurones.

Tamaño

Hasta 40 cm

90
80
70
60
50
40
30
20
10
0

Peso

De 400 a 3.500 g

Hábitat

Excepto en Nueva Zelanda, el hurón no vive en estado salvaje. El turón, del que procede, vive por toda Europa y Asia occidental.

JUEGA Y APRENDE   ¿VERDADERO O FALSO?

El hurón es un carnívoro.

Es muy juguetón.

Duerme mucho.

Es más grande que un hámster.

V F   V F   V F   V F

EL GATO EUROPEO

Características principales

El GATO EUROPEO es la raza de gato más corriente. Puede ser blanco, negro, atigrado o manchado. Como en todos los gatos, las pupilas de sus ojos son verticales y posee uñas retráctiles❶ muy aceradas❷.

Vínculo con el humano

El GATO EUROPEO tiene una personalidad marcada, pero suele ser muy cariñoso con sus cuidadores. Tiene necesidad de seguridad y detesta los cambios de lugar. Cuando se siente a gusto, ronronea.

Comportamiento

Juguetón, muy inteligente y perspicaz❸, el gato es un animal muy vital y, a la vez, muy dormilón. Le gusta correr y buscar espacios cálidos y seguros para dormir. Es un gran cazador.

Datos curiosos

Los gatos son felinos❹ pequeños que fueron domesticados hace más de 5.000 años. El GATO EUROPEO es todavía llamado, sin razón, «gato callejero». Vive una media de entre 15 y 18 años, alcanzando a veces los 20.

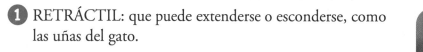

GLOSARIO

❶ RETRÁCTIL: que puede extenderse o esconderse, como las uñas del gato.

❷ ACERADO: muy afilado y cortante, como el filo de un cuchillo.

❸ PERSPICAZ: ágil e inteligente en lo que hace.

❹ FELINO: animal de la familia de los leones, tigres, panteras o linces.

FICHA DE IDENTIDAD

Tamaño

De 20 a 25 cm

90
80
70
60
50
40
30
20
10
0

Peso

5 kg macho
3,6 kg hembra

Hábitat

El gato doméstico desciende directamente del gato salvaje. Fue domesticado por primera vez en Egipto y posteriormente por toda la cuenca del Mediterráneo.

JUEGA Y APRENDE ¡ELIGE LA RESPUESTA CORRECTA!

Cuando está contento, el gato europeo…

1. Ladra.
2. Canta.
3. Ronronea.

Duerme…

1. Mucho.
2. Casi nunca.
3. Todo el invierno.

Le gusta...

1. La lluvia.
2. El calor.
3. La nieve.

» EL GATO SIAMÉS

Características principales

El GATO SIAMÉS posee pelaje claro y cuerpo alargado y delgado, con una cabeza triangular, orejas y extremos de las patas muy oscuras y ojos frecuentemente azules.

Comportamiento

El GATO SIAMÉS es un gato muy vivaz y posee una fuerte personalidad. Puede mostrarse muy agresivo con los desconocidos. Adora a sus dueños, pero es posesivo[1] y muy celoso. Se relaciona bien con los niños.

Preferencias y comunicación

El GATO SIAMÉS es muy amante de los lugares cálidos. Se comunica a través de maullidos fuertes y un poco roncos[2].

Datos curiosos

El GATO SIAMÉS y sus razas cercanas son muy corrientes en Asia. Vive una media de entre 13 y 18 años, y un máximo de 24.

GLOSARIO

[1] POSESIVO: que le gusta tener para sí mismo, que no quiere compartir.

[2] RONCO: con voz un poco rota, algo grave.

Tamaño

20 cm de altura

90
80
70
60
50
40
30
20
10
0

Peso

De 2,5 a 5,5 kg

Hábitat

El gato siamés se llama así porque es originario de Siam, la actual Tailandia. De hecho, vive en todo el sudeste asiático.

JUEGA Y APRENDE ¿VERDADERO O FALSO?

El gato siamés procede de África.

Su pelaje siempre es negro.

Maúlla muy fuerte.

A menudo es gordo.

V F   V F   V F   V F

EL GATO MAINE COON

Características principales

El MAINE COON es un gato gigante.
Su espeso pelaje, su cuerpo potente[1] pero delgado, sus grandes orejas acabadas en un pincel de pelo y su larga cola tupida lo convierten en un gato extraordinario.

Carácter

El MAINE COON es un gato muy dulce y cariñoso, amante de la compañía de sus amos. No es un animal temeroso y no se asusta con los perros.

Comportamiento

Procede del cruce de los gatos de campo y los gatos de marineros. Es un gran cazador, resistente al frío. Rebosante[2] de energía, siente necesidad de correr; necesita espacio.

Datos curiosos

Este magnífico gato hace poco tiempo que se ha convertido en un animal de compañía. Le gusta jugar y exige mucha atención de sus amos. En promedio, el MAINE COON vive entre 15 y 18 años.

GLOSARIO

1 POTENTE: fuerte físicamente, con mucha energía.

2 REBOSANTE: poseer un sentimiento o estado de ánimo con gran intensidad.

»» »» »»

FICHA DE IDENTIDAD

Tamaño

25 cm de altura

90
80
70
60
50
40
30
20
10
0

Peso

9 kg macho
6 kg hembra

Hábitat

Esta raza se originó
en el estado de Maine, en
Estados Unidos; de ahí
su nombre.
Fue reconocida como raza
en 1976.

JUEGA Y APRENDE ¿VERDADERO O FALSO?

El Maine coon tiene las orejas pequeñas.

V F

Es un gato grande.

V F

Es un gato activo.

V F

Proviene de América del Norte.

V F

EL GATO PERSA

Características principales
El GATO PERSA posee pelo largo y muy fino de color gris, marrón, rojizo, blanco o negro; cuerpo macizo; una gran cabeza redonda y cola muy tupida.

Carácter
El GATO PERSA es un gato tranquilo y apacible. Necesita tranquilidad. Hogareño[1], no le gusta mucho cazar y prefiere quedarse en el interior. Detesta el agua y ama el calor.

Comportamiento
El GATO PERSA se limpia lamiéndose durante mucho rato, al igual que todos los gatos. Como corre el riesgo de tragar muchos pelos, hay que cepillarlo cada día.

Datos curiosos
Este magnífico gato de compañía con ojos de color cobrizo[2] es casi siempre el triunfador en los concursos de belleza para gatos. Puede vivir entre 14 y 18 años.

GLOSARIO

1 HOGAREÑO: que prefiere permanecer en el interior.

2 COBRIZO: del color del cobre, metal rojizo.

Tamaño

90
80
70
60
50
40
30
20
10
0

25 cm de altura

Peso

De 3 a 7 kg

Hábitat

Es una raza que fue creada en Inglaterra en el siglo XX, a partir de gatos procedentes de Turquía y Persia; de ahí su nombre.

JUEGA Y APRENDE ¿VERDADERO O FALSO?

El gato persa tiene el pelo largo.

V F

Es muy delgado.

V F

Es un gran cazador.

V F

Es un gato de concurso.

V F

LOS PECES ROJOS

Características principales
Los PECES ROJOS son una forma doméstica de la carpa[1]. Son frecuentemente rojos, pero también pueden ser anaranjados, blancos, negros o multicolor. Algunas especies tienen grandes aletas[2], parecidas a las velas.

Comportamiento
Los PECES ROJOS buscan aguas calmas y frescas. Suelen nadar en las profundidades y esconderse debajo de las plantas acuáticas. Acostumbran a vivir en grupos.

Crianza
Los PECES ROJOS se crían en un acuario grande o en un estanque. Se alimentan de gusanos, animales diminutos y plantas acuáticas.

Datos curiosos
Los PECES ROJOS son una forma enana[3] de las grandes carpas que habitan en los estanques de los templos de Asia. En el medio natural, o si regresan al estado salvaje, son verdes o grises. Viven unos 20 años y, a veces, hasta los 50.

GLOSARIO

1 CARPA: pez grande de agua dulce, de piel lisa o con escamas, que vive en los estanques, lagos y ríos de Europa y Asia.

2 ALETAS: órganos cortos y planos que permiten el desplazamiento de peces y otros animales marinos.

3 ENANO: muy pequeño.

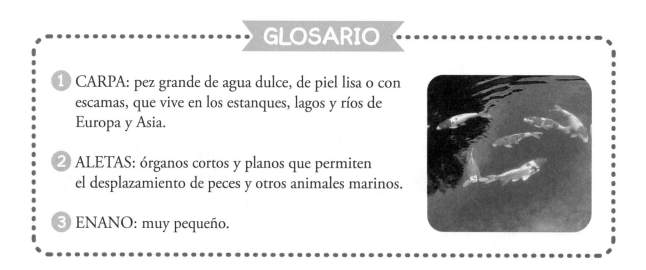

Tamaño

De 10 a 45 cm

Peso

De
150 a
500 g

Hábitat

Fueron creados en China
y Japón hace siglos. En los
estanques de los templos
de Asia se crían especies
mucho más grandes.

JUEGA Y APRENDE ¿VERDADERO O FALSO?

Los peces rojos
viven en el mar.

V F

Comen hierbas.

V F

Son truchas.

V F

Provienen
de China.

V F

EL CANARIO

Características principales

El CANARIO, llamado así por su abundancia en las islas Canarias, es un pequeño pájaro conocido por su trinar melodioso[1]. En la naturaleza, su plumaje es verde y castaño. Los ejemplares domésticos suelen presentar un color amarillo vivo o anaranjado.

Hábitat

En las islas donde se originó, el CANARIO vive en los chaparrales[2] y arbustos espesos de los bosques cálidos. Se alimenta de cereales y frutas.

Crianza

El CANARIO necesita jaulas grandes porque es un pájaro muy vivaz y vuela mucho.
Hay que suministrarle granos y alimentos especiales como la pasta de cría[3]. Tiene un trinar muy variado y agradable.

Datos curiosos

El nombre científico es *Serinus canaria*.
Su cría[4] se llama canaricultura. En general, vive entre 6 y 10 años.

GLOSARIO

1 MELODIOSO: muy agradable, como una dulce música.

2 CHAPARRAL: planta de poca altura con muchas ramas flexibles y resistentes.

3 PASTA DE CRÍA: complemento alimenticio.

4 CRÍA: reproducción, mantenimiento y cuidado de animales.

FICHA DE IDENTIDAD

Tamaño

De 10 a 22 cm

90
80
70
60
50
40
30
20
10
0

Peso

De 16 a 40 g

Hábitat

El canario es originario de las islas Canarias y otras islas cálidas del Atlántico: Azores, Madeira y Cabo Verde. En la actualidad suele criarse en cautividad.

JUEGA Y APRENDE ¡ELIGE LA RESPUESTA CORRECTA!

El canario es a menudo…

1 Amarillo vivo.

2 Negro.

3 Rojo con manchas verdes.

Le gusta mucho…

1 Maullar.

2 Cantar.

3 Roncar.

Vive sobre todo en…

1 Marismas.

2 Cavernas.

3 Matorrales y arbustos.

» EL PERIQUITO

Características principales

Hay muchas especies de periquitos, pequeños loros. El PERIQUITO es el loro doméstico más corriente. Suele ser amarillo, azul, verde o multicolor.

Hábitat

En estado libre, el PERIQUITO vive en las sabanas[1] secas y muy cálidas. Se alimenta sobre todo de cereales. Canta mucho y bien. Los machos suelen pelearse ferozmente.

Crianza

El PERIQUITO necesita grandes jaulas. En cautividad come alimentos preparados, a base de frutas y granos. No es un animal delicado.

Datos curiosos

Los periquitos se crían desde la Antigüedad. A partir de la década de 1850, la cría del PERIQUITO se extendió por todo el mundo. Existe un centenar de variedades. Viven entre 6 y 8 años, alcanzando a veces un máximo de 18.

GLOSARIO

1 SABANA: extensa pradera de hierbas altas, salpicada con algunos árboles.

2 PAJARERÍA: tienda donde se pueden adquirir pájaros enjaulados.

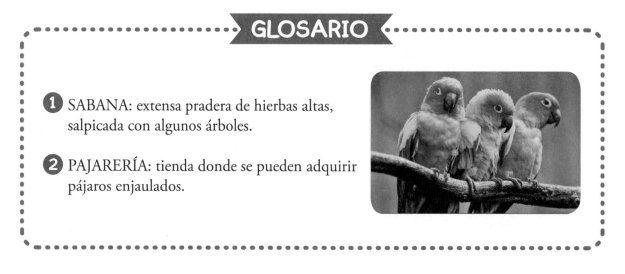

FICHA DE IDENTIDAD

Tamaño

De 15 a 24 cm

Peso

De 30 a 80 g

Hábitat

El periquito ondulado vive en las llanuras del centro de Australia. Afortunadamente, todos los periquitos que se venden en las pajarerías[2] proceden de la cría.

JUEGA Y APRENDE ¿VERDADERO O FALSO?

El periquito pertenece a la familia de las águilas.

V **F**

Vive en regiones calurosas.

V **F**

Se alimenta de granos.

V **F**

A menudo es de color negro.

V **F**

EL PERRO PASTOR

Características principales

El PERRO PASTOR colabora con su amo en el control de los rebaños de vacas, ovejas o cabras. Algunas razas de perros pastores son el bobtail o pastor inglés, el ovejero belga y el pastor alemán.

Comportamiento

El PERRO PASTOR ha aprendido a guardar los rebaños; corre alrededor de los animales y, a veces, muerde la corva[1] de una vaca si no le obedece. Es un trabajo que parece divertirle.

Historia

Los perros fueron domesticados[2] hace unos 17.000 o 18.000 años. Una de las primeras tareas que realizaron fue la de guardar rebaños.

Datos curiosos

El perro desciende directamente del lobo. Es el primer animal que fue domesticado. Aunque es un mamífero carnívoro, adora los dulces. Vive una media de 12 años.

GLOSARIO

1 CORVA: parte posterior de las patas de los animales.

2 DOMESTICAR: acostumbrar a un animal salvaje a vivir con los seres humanos.

» » »

FICHA DE IDENTIDAD

Tamaño

90
80
70
60
50
40
30
20
10
0

De 25 a 75 cm

Peso

De 3 a 43 kg

Hábitat

Proviene de los Pirineos y otras zonas montañosas. En Bélgica, Alemania, Suiza, Gran Bretaña, Irlanda y Rumania se han criado distintas razas.

JUEGA Y APRENDE ¿VERDADERO O FALSO?

El perro pastor guarda los rebaños de ovejas.

V   **F**

Se alimenta sobre todo de hierba.

V   **F**

Muerde las orejas de las vacas.

V   **F**

Aprende a guardar los rebaños.

V   **F**

EL PASTOR ALEMÁN

Características principales

Al PASTOR ALEMÁN se lo reconoce por su cuerpo alargado y musculoso, el color castaño y negro de su pelaje, las orejas erguidas y la cola grande.

Relación con el humano

En otros tiempos, en Alemania se utilizaba para guardar los rebaños de corderos. En la actualidad, su fuerza, inteligencia y olfato lo han convertido en un excelente animal de guarda. Es el perro de los policías y militares.

Comportamiento

Es un perro que muchas veces solo obedece a su amo. Puede ser muy desconfiado e incluso agresivo[1] con una persona a la que no conoce, por temor a que vaya a atacar a su dueño.

Datos curiosos

El PASTOR ALEMÁN guarda un parecido con el lobo por su aspecto y voracidad[2]. Tiene un olfato un millón de veces superior al del ser humano. Vive aproximadamente hasta los 11 años.

GLOSARIO

1 AGRESIVO: que ataca con facilidad.

2 VORACIDAD: el hecho de comer rápido y en cantidad.

FICHA DE IDENTIDAD

Tamaño

De 55 a 66 cm

90
80
70
60
50
40
30
20
10
0

Peso

De 22 a 43 kg

Hábitat

La raza actual es originaria de Turingia y Baden-Würtemberg, en Alemania; otras variedades provienen de Baviera.

JUEGA Y APRENDE ¿VERDADERO O FALSO?

El pastor alemán es un perro pequeño.

V **F**

Es temeroso.

V **F**

Sabe guardar rebaños.

V **F**

Tiene un excelente olfato.

V **F**

EL LABRADOR

Características principales

El LABRADOR es un perro grande e inteligente, muy dulce y fiel a su amo. Su pelaje, invariablemente corto, suele ser negro o trigueño[1]. Su hocico[2] es robusto y tiene una cola medianamente larga y fina.

Relación con el humano

El LABRADOR ladra muy fuerte y es muy valiente. Es un buen perro de guarda y, también, un excelente perro de caza. Es un animal muy juguetón, sobre todo cuando está con niños.

Comportamiento

El LABRADOR adora la tranquilidad pero tiene necesidad de correr. Le gusta el agua y se baña frecuentemente durante largos ratos. No suele adaptarse bien a la vida en un departamento.

Datos curiosos

El LABRADOR es originario de Canadá. La mayor parte de los perros lazarillos[3] para personas con ceguera son de esta raza.

GLOSARIO

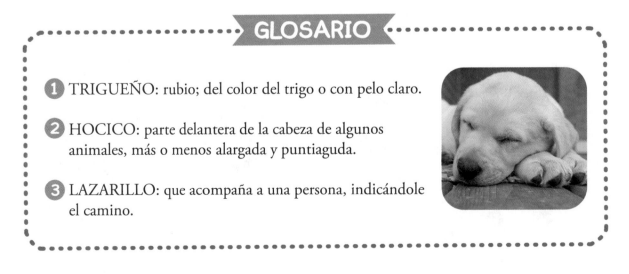

1 TRIGUEÑO: rubio; del color del trigo o con pelo claro.

2 HOCICO: parte delantera de la cabeza de algunos animales, más o menos alargada y puntiaguda.

3 LAZARILLO: que acompaña a una persona, indicándole el camino.

Tamaño

De 54 a 57 cm

90
80
70
60
50
40
30
20
10
0

Peso

De 24 a 34 kg

Hábitat

Es un perro originario de la región canadiense de Labrador y Terranova, pero la raza actual fue obtenida en Inglaterra.

JUEGA Y APRENDE ¡ELIGE LA RESPUESTA CORRECTA!

Al labrador le gusta…

1 Bañarse.

2 Trepar a los árboles.

3 Vivir bajo tierra.

A menudo se utiliza como guía para…

1 Los ciclistas.

2 Los barcos.

3 Las personas con ceguera.

Tiene el pelo…

1 Corto.

2 Muy largo.

3 Rizado.

EL COCKER

Características principales

Con su corto cuerpo, sus grandes orejas que le caen a ambos lados de la cabeza y su pelaje leonado[1], el COCKER no se parece a ningún otro perro.

Relación con el humano

El COCKER sabe hacer de todo, desde montar guardia hasta jugar durante horas con los niños, pero es, sobre todo, un extraordinario perro de caza. Sabe cómo recuperar las piezas cobradas[2] y dar aviso a su dueño.

Carácter

Es un perro que puede ser testarudo[3], pero normalmente es juguetón. Fiel e inteligente, adora a sus amos. Es muy glotón y le gusta mucho el agua.

Datos curiosos

El COCKER es de origen inglés. Durante mucho tiempo fue criado solo para la caza. Ahora es uno de los perros de compañía más comunes. Desgraciadamente, este adorable animal raramente llega a viejo; no suele superar los 11 años.

GLOSARIO

1 LEONADO: de color amarillo, un poco rojizo.

2 PIEZAS COBRADAS: animales cazados.

3 TESTARUDO: que no cambia de actitud y hace su voluntad.

Tamaño

De 35 a 41 cm

90
80
70
60
50
40
30
20
10
0

Peso

De 9
a 15 kg

Hábitat

Esta raza se crió en
Inglaterra, Escocia y Gales,
pero procede de perros
originarios del condado
de Foix y España.

JUEGA Y APRENDE

¿VERDADERO
O FALSO?

El cocker es un
perro de caza.

V F

Tiene orejas cortas
y erguidas.

V F

Es muy agresivo.

V F

Tiene un pelaje con
grandes manchas.

V F

EL PONI

Características principales

El PONI es un caballo que se mantiene pequeño toda su vida. Su cuerpo es macizo y sus patas son cortas pero fuertes. Tiene crines espesas y sus colores son variables.

Relación con el humano

Aunque sea un animal fuerte, el PONI no se utiliza como animal de carga[1]. Se destina a la equitación[2] o como animal de compañía.

Comportamiento y alimentación

El PONI requiere de muchos cuidados. Es muy inteligente, sensible, obstinado aunque en general muy dócil, y muy próximo a su amo. Es herbívoro, come heno y pasto.

Datos curiosos

Existen varias razas de ponis. La más popular es el PONI inglés, llamado así por su lugar de origen, las islas Shetland. Puede vivir hasta los 20 años e incluso más.

GLOSARIO

1. ANIMAL DE CARGA: animal que se utiliza para transportar carga, como el asno o el dromedario.

2. EQUITACIÓN: deporte de montar un caballo o un poni.

3. CRUZ: parte de un animal situada en la base del cuello, justo encima de las patas delanteras.

FICHA DE IDENTIDAD

Tamaño

De 90 cm a 1,5 m hasta la cruz

90 80 70 60 50 40 30 20 10 0

Peso

De 150 a 600 kg

Hábitat

Fue domesticado hace siglos en Inglaterra. Todas las razas actuales descienden de una raza muy antigua de caballos, hoy en día ya desaparecida.

JUEGA Y APRENDE

¿VERDADERO O FALSO?

El poni es un caballo pequeño.	Es un animal carnívoro.	Se utiliza mucho en equitación.	Es originario de América.
V F	V F	V F	V F

RAZAS DE GATOS

Gato persa

Maine coon

Sagrado de Birmania

Chartreux

Británico de pelo corto

Bengala

Gato exótico

Abisinio

Británico de pelo largo

Esfinge

Gato oriental

Ragdoll

Gato siamés

Siberiano

Highland fold

Bombay

Cornish rex

Curl americano

Kurilian bobtail

Selkirk rex

RAZAS DE PERROS

Labrador

Pastor alemán

Golden retriever

Beagle

Bulldog

Yorkshire terrier

Chihuahueño

Bóxer

Pastor ovejero australiano

Rottweiler

Dachshund

Bulldog francés

Husky siberiano

Dogue allemand

Cocker anglais

Shih tzu

Dóberman

Boyero de Berna

American staffordshire terrier

Jack russell

7 DIFERENCIAS

LABERINTO

¿Qué camino debe seguir el ratón para alcanzar su queso sin toparse con el gato o la trampa?

» Soluciones

JUEGA Y APRENDE

Página 11 · EL CONEJO ENANO
F - F - V - V

Página 13 · EL HÁMSTER DORADO
V - F - V - V

Página 15 · EL RATÓN
V - V - V - V

Página 17 · EL CONEJILLO DE INDIAS
2 (roedores) - 3 (verduras) - 2 (en las montañas)

Página 19 · EL HURÓN
V - V - V - V

Página 21 · EL GATO EUROPEO
3 (ronronea) - 1 (mucho) - 2 (el calor)

Página 23 · EL GATO SIAMÉS
F - F - V - F

Página 25 · EL GATO MAINE COON
F - V - V - V

Página 27 · EL GATO PERSA
V - F - F - V

Página 29 · LOS PECES ROJOS
F - V - F - V

Página 31 · EL CANARIO
1 (amarillo vivo) - 2 (cantar) - 3 (matorrales y arbustos)

Página 33 · EL PERIQUITO
F - V - V - F

Página 35 · EL PERRO PASTOR
V - F - F - V

Página 37 · EL PASTOR ALEMÁN
F - F - V - V

Página 39 · EL LABRADOR
1 (bañarse) - 3 (las personas con ceguera) - 1 (corto)

Página 41 · EL COCKER
V - F - F- F

Página 43 · EL PONI
V - F - V - F

7 DIFERENCIAS

LABERINTO

LA GRANJA

Características principales y datos curiosos

LA VACA

Características principales

La VACA es la reina de los prados. Su pelaje puede ser de varios colores, si bien predominan el negro, rojo o blanco. Con su gran tamaño, morro[1] húmedo y las ubres[2] con las que alimenta a sus terneros, todo el mundo la reconoce fácilmente.

Comportamiento

Es un animal apacible que disfruta de la tranquilidad y la rutina. Durante el día, suele descansar muchas horas y masticar hierba fresca. También camina unas 4 horas por día y bebe enormes cantidades de agua.

Alimentación

Come exclusivamente hierba. Suele alimentarse en el mismo horario y en grupos porque realizan sus actividades en conjunto. Es un animal rumiante[3].

Datos curiosos

Existen muchas razas de vacas. La VACA desciende de un animal salvaje, el uro, que vivía en los bosques en tiempos prehistóricos. Puede alcanzar los 20 o 25 años de vida.

GLOSARIO

1 MORRO: hocico de la vaca.

2 UBRE: órgano mediante el cual las crías son alimentadas con la leche de sus mamás.

3 RUMIANTE: que rumia, es decir, que devuelve a la boca la hierba que ha almacenado en el estómago para masticarla y volverla a engullir.

Tamaño

De 1,50 a 1,60 m

Hasta la cruz

Peso

De
400 a
600 kg

Hábitat

La vaca vive en establos. En verano, a menudo duerme en los prados. El vaquero es quien conduce el ganado hacia el establo.

JUEGA Y APRENDE ¡ELIGE LA RESPUESTA CORRECTA!

La vaca se alimenta de...

1 Carne.

2 Sopas de pan.

3 Hierba.

Una de sus principales actividades es...

1 Atrapar moscas con la lengua.

2 Rumiar hierba.

3 Perseguir a los animales pequeños.

El morro de la vaca es...

1 La ubre.

2 El pico.

3 El hocico.

EL TORO

Características principales

El TORO es el macho de la vaca, que también pertenece a la familia de los rumiantes. Es un animal de gran tamaño, cabeza alargada, cuello corto y ojos grandes. Sus cuernos son huecos pero permanentes[1].

Comportamiento

El TORO suele ser apacible en condiciones normales. Pero puede volverse agresivo si se lo molesta o se siente en peligro. Dentro de la manada hay un líder que se destaca por una mayor capacidad para reconocer el entorno y por tener buena memoria.

Alimentación

El TORO se alimenta de distintos tipos de hierbas, pero también de cereales y leguminosas.

Datos curiosos

Existe una antigua creencia que dice que el TORO embiste[2] cuando ve el color rojo. Sin embargo, se ha estudiado que no hay pruebas que indiquen con certeza que pueda existir una relación especial con este color.

GLOSARIO

1 PERMANENTE: que se mantiene todo el tiempo, que dura para siempre.

2 EMBESTIR: ir con fuerza y velocidad hacia algo o alguien.

Tamaño

De 1,50 a 2,50 m

Hasta la cruz

2,5
2
1,5
1
0,5
0

Peso

De 700 a 1.000 kg

Hábitat

El toro, al igual que la vaca, vive en establos.
En verano, a menudo duerme en los prados.
Lo guarda y guía el vaquero.

JUEGA Y APRENDE ¿VERDADERO O FALSO?

El toro se mueve en manada.

Se alimenta sobre todo de hierba.

Puede ser agresivo en algunas situaciones.

Pesa menos de 50 kilos.

V F   V F   V F   V F

EL BUEY

Características principales

El BUEY es un toro de distintos colores que se parece a una vaca, pero es mucho más fuerte. Sus cuernos son huecos y permanentes, con forma de cilindro en la base y cónicos en la punta.

Relación con el humano

Desde la aparición de los tractores[1], el BUEY ya no es utilizado como animal de tiro en la granja. En otros tiempos, arrastraba el arado[2] o tiraba de pesados carros.

Hábitat y comportamiento

Habita en los prados, donde se alimenta de diferentes tipos de hierbas. El BUEY vive casi siempre en manada, a diferencia de los toros, que también pueden vivir solos.

Datos curiosos

Hay muchas razas de BUEY. No suele ser agresivo, a diferencia del toro, que es un animal más peligroso. Puede vivir hasta 25 años.

GLOSARIO

1 TRACTOR: vehículo automotor que se utiliza para arrastrar o empujar maquinaria o carga muy pesada.

2 ARADO: instrumento que se utiliza para labrar la tierra abriendo surcos en ella.

Tamaño

Un mínimo de 1,60 m

2,5
2
1,5
1
0,5
0

Hasta la cruz

Peso

De 1.000 a 1.400 kg

Hábitat

Al igual que la vaca, el buey vive en un establo. En verano, suele dormir en los prados. Su guardián se llama boyero.

JUEGA Y APRENDE ¿VERDADERO O FALSO?

El buey come hierba.

Es un animal agresivo.

Vive más de 40 años.

Antes, era un animal de tiro.

V F   V F   V F   V F

>> EL CERDO

Características principales

Suele ser rosado o negro, con una jeta[1] con la que husmea por todas partes y una colita en tirabuzón. Los CERDOS gruñen, tanto si están de buen humor como si no lo están.

Comportamiento

Al igual que su primo salvaje, el jabalí, el CERDO protege su piel revolcándose en el barro. No es remilgado y se alimenta con toda clase de restos.

Alimentación

El CERDO come absolutamente de todo: verduras, tubérculos, raíces, carne, etcétera. Por esto se dice que es omnívoro.
El granjero alimenta a los cerdos con papilla de cereales o leguminosas.

Datos curiosos

También se le llama puerco. No siempre exhibe un carácter dócil, pero es un animal muy inteligente. Vive entre 12 y 15 años. Normalmente, la cerda pare[2] entre 10 y 12 lechones una vez al año.

GLOSARIO

1 JETA: hocico del cerdo.

2 PARIR: traer al mundo.

FICHA DE IDENTIDAD

Tamaño

1,20 m de largo

2,5
2
1,5
1
0,5
0

Peso

De
200 a
450 kg

Hábitat

El cerdo vive en una granja.

JUEGA Y APRENDE ¡ELIGE LA RESPUESTA CORRECTA!

El cerdo come...

1. Solo frutas.
2. Solo carne.
3. De todo.

Protege su piel...

1. Bañándose en charcos de agua.
2. Revolcándose en el barro.
3. Comiendo raíces.

La cola del cerdo es...

1. En forma de tirabuzón.
2. Corta y erecta.
3. Larga y caída.

LA OVEJA

Características principales

Es el animal de cuyo espeso y rizado pelo se obtiene la lana. Con el nombre genérico[1] de OVEJA se denomina a la familia completa de los ovinos. El macho es el carnero de grandes cuernos; la hembra, la oveja; y el pequeño, el borrego.

Relación con el humano

Los pastores las crían y con su leche se preparan quesos de fuerte sabor, además de obtener la lana, fibra que aísla naturalmente del frío. A la OVEJA se la debe esquilar[2] cada año.

Comportamiento y alimentación

La OVEJA es un rumiante. Se alimenta exclusivamente de hierba y hojas, pudiendo subsistir a base de forraje. Suele vivir en rebaño.

Datos curiosos

Aunque ovejas y terneros son muy pacíficos, los carneros se pelean entre ellos cuando entran en época de celo, pero como no hay nunca más de un macho en cada rebaño, los combates son raros. Puede vivir hasta los 20 años.

GLOSARIO

1 GENÉRICO: designa el conjunto de individuos o cosas emparentadas.

2 ESQUILAR: cortar el pelo o la lana de un animal.

Tamaño

80 cm hasta la cruz

2,5
2
1,5
1
0,5
0

Peso

De 100 a 150 kg

Hábitat

La oveja vive en corrales. En verano, los rebaños suelen conducirse a los prados de montaña.

JUEGA Y APRENDE

¿VERDADERO O FALSO?

El chivo es el macho de la oveja.

La oveja come hierba y plantas secas.

A la oveja se le corta la lana.

La oveja es un animal inquieto.

V F   V F   V F   V F

LA CABRA

Características principales

La CABRA es un animal de silueta esbelta, pelo largo e hirsuto[1], cuernos y una barbilla. Su pelaje abarca una gama de colores amplia: marrón, rojo-marrón, blanco, negro o beige, pero a veces exhiben más de un color con manchas o franjas. El macho se llama chivo y los pequeños, cabritos.

Relación con el humano

Con la leche de la CABRA se preparan excelentes quesos.

Hábitat y comportamiento

La CABRA es un rumiante que se alimenta de hierbas y hojas. Puede pastar en tierras de escasa vegetación. Es ágil y se encarama por las rocas.

Datos curiosos

Al igual que la oveja, la CABRA da balidos. El chivo, receloso[2] y belicoso[3], marca su territorio con una orina de olor muy fuerte. La cabra puede vivir hasta los 20 años.

GLOSARIO

1 HIRSUTO: de pelo áspero y duro.

2 RECELOSO: que es desconfiado.

3 BELICOSO: que es luchador.

Tamaño

De 60 a 70 cm

Hasta la cruz

2,5
2
1,5
1
0,5
0

Peso

De 60 a 120 kg

Hábitat

Como las ovejas, las cabras viven en corrales.
A su guardián se le llama cabrero o pastor.

JUEGA Y APRENDE ¡ELIGE LA RESPUESTA CORRECTA!

La cabra come...

1 Carne.

2 Hierba, sobre todo.

3 Pescado.

Se la cría mayormente para...

1 Hacer carreras.

2 Dar leche.

3 Guiar en paseos de montaña.

Vive en...

1 Una pajarera.

2 Granjas de caballos.

3 Corrales.

EL CONEJO

Características principales

El CONEJO, con sus grandes orejas, alargadas patas traseras, enormes incisivos[1] y hocico siempre en movimiento, no se parece a ningún otro animal de la granja.

Comportamiento

El CONEJO es un animal muy curioso y disfruta de explorar todo lo que hay a su alrededor. Gracias a sus patas traseras, se mueve con gracia y gran rapidez. Todos, incluidos los conejos domésticos, tienden a excavar madrigueras.

Alimentación

El CONEJO se alimenta principalmente de hierbas y verduras de hoja e incluso otras, como la zanahoria. Come muy a menudo.

Datos curiosos

El CONEJO de granja proviene del conejo de bosque o común. Vive entre 2 y 6 años. Como media, una coneja adulta pare 90 gazapos[2] al año. Los dientes del conejo crecen sin parar, por lo que debe roer[3] continuamente.

GLOSARIO

1 INCISIVO: diente grande y plano en la parte delantera del hocico.

2 GAZAPO: cría de conejo.

3 ROER: morder detenidamente alguna cosa.

FICHA DE IDENTIDAD

Tamaño

De 50 a 70 cm

2,5
2
1,5
1
0,5
0

Peso

De 2 a 3 kg

Hábitat

El conejo se cría en conejeras que hay que limpiar regularmente. También se puede criar en corrales con hierba.

JUEGA Y APRENDE ¿VERDADERO O FALSO?

El conejo se alimenta de carne.	Se reproduce muy poco.	Corre muy deprisa.	Excava madrigueras.
V F	V F	V F	V F

LA GALLINA

Características principales
La GALLINA es un ave de corral de distintos colores. Erguida sobre sus grandes patas, cabecea al caminar y cacarea[1].

Relación con el humano
La GALLINA pone huevos que luego incuba[2]. Los huevos se pueden comer o guardar para criar polluelos. En algunas épocas del año, la gallina pone un huevo cada día.

Comportamiento
Camina sin parar, con la cabeza agachada para picotear las semillas, gusanos y las hierbas del suelo.

Datos curiosos
Las GALLINAS viven junto al ser humano desde la prehistoria, pero raramente se dejan atrapar. Pueden alcanzar los 10 años.

GLOSARIO

[1] CACAREAR: emitir el sonido característico y repetitivo de las gallinas.

[2] INCUBAR: calentar los huevos, generalmente con el cuerpo, para que se desarrollen los polluelos.

FICHA DE IDENTIDAD

Tamaño

50 cm de altura

2,5
2
1,5
1
0,5
0

Peso

De 2 a 4 kg

Hábitat

Vive en el gallinero, en el corral de la granja.

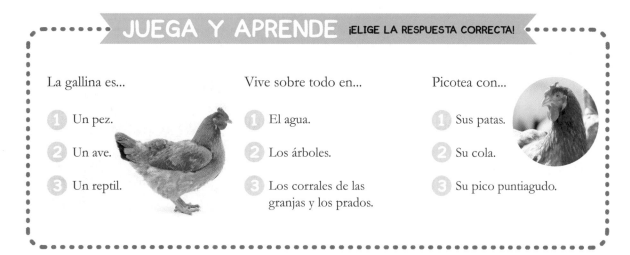

JUEGA Y APRENDE ¡ELIGE LA RESPUESTA CORRECTA!

La gallina es...

1 Un pez.

2 Un ave.

3 Un reptil.

Vive sobre todo en...

1 El agua.

2 Los árboles.

3 Los corrales de las granjas y los prados.

Picotea con...

1 Sus patas.

2 Su cola.

3 Su pico puntiagudo.

EL GALLO

Características principales
El GALLO es el macho de la gallina, el rey del gallinero. Tiene cola alargada, hermosa cresta[1] y aire altanero[2]. Puede ser de distintos colores.

Relación con el humano
Antiguamente, el penetrante canto del GALLO despertaba a los campesinos, anunciándoles la llegada de un nuevo día. Gracias al gallo, la gallina puede poner los huevos de los que nacen los polluelos.

Comportamiento
El GALLO pasa sus días vigilando a las gallinas mientras busca comida.

Datos curiosos
A veces, el GALLO es agresivo y ataca a quienes entran en el gallinero. Hay que cuidarse de sus picotazos. Puede vivir unos 10 años.

GLOSARIO

1 CRESTA: tejido carnoso, rojo, con puntas, en lo alto de la cabeza.

2 ALTANERO: con aire de sentirse superior a los demás.

FICHA DE IDENTIDAD

Tamaño

50 cm de altura

2,5
2
1,5
1
0,5
0

Peso

De 4 a 5 kg

Hábitat

El gallo vive en el gallinero, junto a las gallinas.

JUEGA Y APRENDE

¿VERDADERO O FALSO?

El gallo es muy activo.

Tiene una cresta roja.

Canta muy alto.

Tiene mal carácter.

V F V F V F V F

EL PATO

Características principales

El PATO tiene un pico aplanado, patas palmeadas[1] y una cola corta que agita cuando sale del agua. El plumaje de algunas razas puede ser muy vistoso. Su hembra es la pata.

Relación con el humano

La hembra del PATO pone huevos más grandes que los de la gallina, que se pueden comer o guardar para criar patitos. Hay muchos que se dedican a animales de compañía.

Comportamiento

Al PATO le gusta mucho el agua. Con su pico aplastado rebusca lombrices en el barro. Los patos de granja son variedades de patos salvajes migratorios[2] que han sido domesticadas para que en invierno no tengan que viajar a tierras más cálidas, en busca de comida.

Datos curiosos

El PATO grajea, hace un ruido característico. No es agresivo, pero no se deja atrapar fácilmente. Puede vivir 10 años.

GLOSARIO

1 PALMEADO: con una membrana entre los dedos.

2 MIGRATORIO: que se traslada a tierras más cálidas para pasar el invierno.

FICHA DE IDENTIDAD

Tamaño

2,5
2
1,5
1
0,5
0
50 cm

Peso

De 1,5
a 2,5 kg

Hábitat

El pato suele vivir en un corral próximo a una balsa o estanque de agua.

JUEGA Y APRENDE

¿VERDADERO O FALSO?

Al pato le gusta el agua.

V F

Hurga en el barro.

V F

La pata pone huevos.

V F

Sus extremidades son palmeadas.

V F

Características principales

Con sus plumas negras o blancas, larga y vistosa cola, cuello sin plumas cubierto por pliegues de piel roja, el PAVO no es un animal que pase desapercibido.

Comportamiento

El PAVO suele ser tranquilo. Dedica tiempo a acicalar❶ sus plumas, tomar una siesta y buscar comida. La hembra pone huevos que luego incuba, como hacen las gallinas.

Alimentación

El PAVO dedica su tiempo a buscar comida por el suelo del corral de la granja y sus alrededores. Se alimenta de gusanos, insectos, granos y verdura.

Datos curiosos

El PAVO es la forma domesticada de un pájaro silvestre de América. No se introdujo en Europa hasta el siglo XVI. El pavo gluglutea❷. Puede vivir hasta los 10 años.

GLOSARIO

❶ ACICALAR: que se limpia, se peina o alisa el cabello, cuidando su apariencia.

❷ GLUGLUTEO: voz de los pavos.

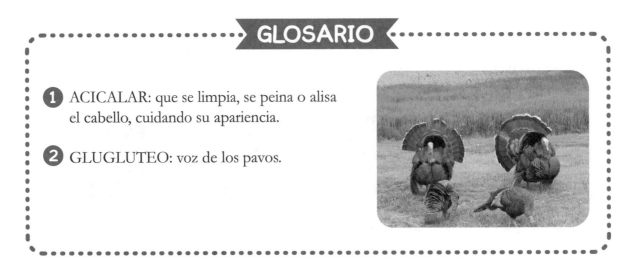

FICHA DE IDENTIDAD

Tamaño

60 cm

2,5
2
1,5
1
0,5
0

Peso

8-17 kg
(el pavo)
5-10 kg
(la pava)

Hábitat

El pavo vive en un cercado de corral o suelto por los campos, donde a veces duerme entre las ramas de los árboles.

JUEGA Y APRENDE

¿VERDADERO O FALSO?

El pavo busca su alimento en la tierra del corral.

Vive en el agua.

El pavo grazna.

Puede vivir hasta 15 años.

V   F   V   F   V   F   V   F

LA OCA

Características principales

La OCA es un animal volátil[1] y palmípedo[2] de poderoso cuello. Suele tener plumas blancas o grises. Su pico y patas se parecen a los del pato. Al macho se le llama ganso.

Comportamiento

La OCA es un animal al que le gusta bañarse. Para nadar, mueve sus patas bajo el agua, de manera similar a los patos. Las ocas domésticas vuelan muy bien.

Alimentación

La OCA busca su comida entre la hierba. Se alimenta de gusanos, babosas y plantas. Las ocas salvajes son excelentes viajeras que llevan a cabo largas migraciones.

Datos curiosos

En otros tiempos, se escribía con sus plumas. Los gansos a veces son agresivos y atacan con el pico. Una OCA puede vivir hasta 12 años. El sonido que emite se denomina graznido[3].

GLOSARIO

1 VOLÁTIL: animal que puede volar.

2 PALMÍPEDO: animal con una membrana entre los dedos.

3 GRAZNIDO: especie de grito que emiten algunas aves.

JUEGA Y APRENDE — ¿VERDADERO O FALSO?

La oca come plantas y babosas.

No le gusta bañarse.

Antaño, se escribía con sus plumas.

Vive en el establo.

V F   V F   V F   V F

LA PALOMA

Características principales

Hay muchas razas de PALOMA: paloma urbana, mensajera[1] o salvaje. Todas se parecen, salvo en el color de sus plumajes, que pueden ser grises u oscuros. Las palomas arrullan[2]. Este gorjeo o sonido se acentúa en época de celo.

Comportamiento

La PALOMA es un pájaro muy activo que no vive en cautiverio.

Alimentación

La PALOMA se alimenta de semillas, hierbas e incluso frutos. Siempre está atenta para procurarse alimento.

Datos curiosos

Las PALOMAS urbanas[3] o de granja son primas de las especies salvajes. Antes, se utilizaba su instinto de regresar al nido para transportar mensajes atados a sus patas. Pueden vivir más de 15 años.

GLOSARIO

1 MENSAJERA: variedad que se distingue por su instinto de volver al palomar desde puntos alejados a largas distancias.

2 ARRULLO: canto de las palomas.

3 URBANO: que se han adaptado a la vida en la ciudad.

FICHA DE IDENTIDAD

Tamaño

De 30 a 35 cm

2,5
2
1,5
1
0,5
0

Peso

De 800 a 1.200 g

Hábitat

La paloma vive en una pajarera.
Las palomas mensajeras o de recreo viven en un palomar.

JUEGA Y APRENDE

¿VERDADERO O FALSO?

La paloma vive en jaulas.	Se alimenta de otros pájaros.	No emite sonido alguno.	Vuela muy bien.
V F	V F	V F	V F

LA CODORNIZ

Características principales

La CODORNIZ de cría es una prima de las pequeñas aves salvajes del mismo género que viven en Japón y China. Es de color marrón. Las codornices salvajes viven en grupos de varias decenas de ejemplares, llamadas «bandadas».

Relación con el humano

Se la cría por sus huevos. Al año, la CODORNIZ pone sobre el suelo entre 200 y 300 pequeños huevos. Son de color blanco, cubiertos de manchas negras, cuyo tinte puede variar.

Comportamiento y alimentación

La CODORNIZ anida en el suelo, en los bosques y campos sembrados. Es un pájaro de grácil[1] vuelo. Se alimenta de semillas, insectos y hierbas. Algunas especies salvajes no construyen nidos y depositan sus huevos en un simple agujero en el suelo.

Datos curiosos

En las granjas se crían centenares de codornices en pajareras[2].
La CODORNIZ, un pájaro que pipía sonoramente, es perezosa y arisca[3].
Vive unos 3 o 4 años.

GLOSARIO

1 GRÁCIL: airoso y fácil.

2 PAJARERA: jaula grande o sitio destinado a la cría de pájaros.

3 ARISCO: áspero e intratable.

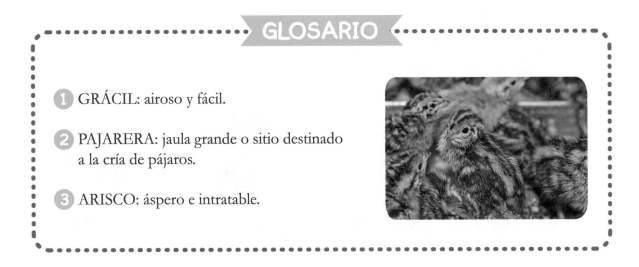

Tamaño

15 cm de largo

2,5
2
1,5
1
0,5
0

Peso

200 g

Hábitat

La codorniz solo se puede criar en una pajarera. Es la única manera de que sus polluelos no alcen el vuelo y se vayan.

JUEGA Y APRENDE

¿VERDADERO O FALSO?

La codorniz proviene de Asia.

V   F

Se alimenta sobre todo de carne.

V   F

Pone sus huevos en un nido.

V   F

Es tan grande como la gallina.

V   F

EL CABALLO DE TIRO

Características principales

El CABALLO de granja es un animal pesado y muy potente. Es mucho más fornido[1] que los caballos de carreras o de paseo. Su hembra se llama yegua.

El origen de su nombre

En otros tiempos, el CABALLO DE TIRO se utilizaba para arrastrar carretas o carga pesada y para trabajar la tierra. Su nombre hace referencia a esta actividad en desuso[2].

Alimentación

El CABALLO se alimenta de hierbas y de hojas del campo, o con forraje si está estabulado[3].

Datos curiosos

El sonido que emite el CABALLO se denomina relincho. Requiere muchos cuidados, tanto si es un pura sangre como si no. Es muy sociable y normalmente es apacible. Vive entre 25 y 35 años.

GLOSARIO

1 FORNIDO: fuerte y de gran tamaño.

2 DESUSO: falta o abandono de una conducta, acción o hábito.

3 ESTABULADO: que permanece siempre en el establo.

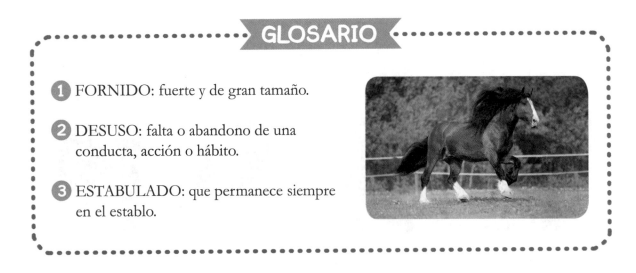

» » »

FICHA DE IDENTIDAD

Tamaño

2,5
2
1,5
1
0,5
0

De 1,60 a 1,70 m

Hasta la cruz

Peso

De
800 a
1.200 kg

Hábitat

El caballo vive en un
establo. En verano suele
dormir en los prados de
montaña.

JUEGA Y APRENDE

¿VERDADERO O FALSO?

El caballo de tiro
puede hacer carreras.

V F

Tiene cuernos.

V F

Con el caballo de tiro
se labraban los campos.

V F

No es nada
sociable.

V F

EL ASNO

Características principales

El ASNO es un animal simpático, con alargadas orejas, hocico blanco y aire de estar triste. Le gusta morder. Es muy inteligente y más resistente que un caballo.

Comportamiento

El ASNO es un animal muy fuerte. En otros tiempos se destinaba a «bestia de carga», es decir, a transportar cargas pesadas. Es muy ágil y no tiene miedo de aventurarse por estrechos senderos de montaña.

Alimentación

El ASNO solo come hierba o forraje[1], y es un animal muy frugal[2]. Hay que cuidar de que esté bien alimentado y limpio.

Datos curiosos

El ASNO es terco y no obedece, a no ser que quiera hacerlo. Vive entre 35 y 40 años, a veces hasta los 50. Rebuzna[3] sonoramente.

GLOSARIO

1 FORRAJE: hierba cortada y seca, heno.

2 FRUGAL: que se contenta con poco.

3 REBUZNO: voz de los asnos.

FICHA DE IDENTIDAD

Tamaño

De 1,20 a 1,50 m

2,5
2
1,5
1
0,5
0

Hasta la cruz

Peso

De 250 a 450 kg

Hábitat

El asno habita en un establo. En verano a menudo duerme en los prados.

JUEGA Y APRENDE ¡ELIGE LA RESPUESTA CORRECTA!

Es asno es...

1. Sociable y obediente.
2. Muy inteligente y terco.
3. De apetito insaciable.

Se alimenta de...

1. Pescado.
2. Heno.
3. Caracoles.

Vive en...

1. Pajareras.
2. Establos.
3. Granjas.

LA RATA DE CAMPO

Características principales

En todas las granjas se pueden ver RATAS. No es un animal sucio; depende de la cercanía del ser humano para sobrevivir. Tiene un pelambre de tonos grises o marrones y una cola muy larga.

Relación con el humano

Como es natural, la RATA no se cría en las granjas, aunque ahí abunde este roedor[1] porque encuentra comida en abundancia. Al hacer sus nidos provoca daños. Come todo lo que encuentra.

Comportamiento

Es un animal agilísimo, extremadamente inteligente y muy prolífico[2]. La RATA es un animal nocturno y solo se mueve de noche. Se alimenta de granos, legumbres y carne.

Datos curiosos

La RATA no es del mismo género que los ratones, que son más pequeños y con la cola más fina. Emite chillidos que pueden ser muy penetrantes. Vive unos 2 años.

GLOSARIO

1 ROEDOR: animal que desmenuza la comida con sus dientes delanteros.

2 PROLÍFICO: que tiene muchas crías.

3 GRANERO: sitio donde se almacenan los cereales o el maíz.

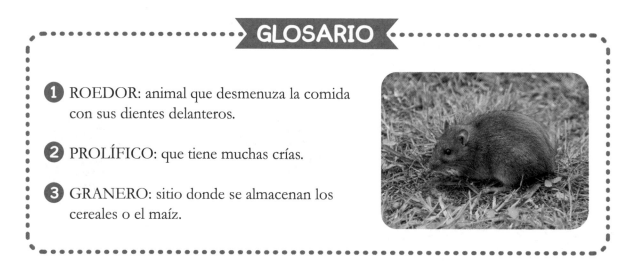

>> >> >>

FICHA DE IDENTIDAD

Tamaño

De 35 a 47 cm de largo

2,5
2
1,5
1
0,5
0

Peso

De 200 a 500 g

Hábitat

La rata de campo vive en los graneros[3], granjas y en todo lugar del campo donde pueda excavar su nido y encontrar comida.

JUEGA Y APRENDE

¿VERDADERO O FALSO?

La rata come carne.

Vive más de 10 años.

Es un animal nocturno.

Anida en las granjas y graneros.

V F   V F   V F   V F

EL GATO

Características principales

En las granjas no es raro encontrar GATOS, generalmente gatos europeos robustos o gatos callejeros, atigrados, moteados, blancos o negros.

Comportamiento

Su compañía es muy apreciada en la granja porque caza ratas y ratones. Duerme de día cerca de una fuente de calor y se despierta por la noche.

Alimentación

El GATO merodea de noche, cuando se mueven sus presas[1]. Aunque esté bien alimentado, este pequeño felino[2] no desdeña lo que pueda cazar.

Datos curiosos

El GATO ama la compañía de su dueño, aunque algunos vivan en estado casi salvaje. Es un animal miedoso al que no le cuesta recuperar sus instintos naturales.

GLOSARIO

1 PRESA: animal capturado por otro con la intención de comerlo.

2 FELINO: animal de la familia de los leones, tigres, panteras o linces.

Tamaño

De 20 a 25 cm

Peso

De 4 a 6 kg

Hábitat

El gato es un animal de compañía que se encuentra tan a gusto en las casas como en las granjas o graneros.

JUEGA Y APRENDE ¿VERDADERO O FALSO?

El gato duerme de día y caza de noche.

Caza ratas y ratones.

Puede vivir en estado salvaje.

Es un roedor.

V F   V F   V F   V F

7 DIFERENCIAS

Entre las dos imágenes hay 7 diferencias.
¿Te animas a descubrirlas?

LABERINTO

¿Qué camino debe seguir la gallina para encontrar sus huevos?

» Soluciones

JUEGA Y APRENDE

Página 53 · LA VACA
3 (hierba) - 2 (rumia la hierba) - 3 (el hocico)

Página 55 · EL TORO
V - V - V - F

Página 57 · EL BUEY
V - F - F - V

Página 59 · EL CERDO
3 (de todo) - 2 (revolcándose en el barro) - 1 (en tirabuzón)

Página 61 · LA OVEJA
F - V - V - F

Página 63 · LA CABRA
2 (hierba, sobre todo) - 2 (dar leche) - 3 (corrales)

Página 65 · EL CONEJO
F - F - V - V

Página 67 · LA GALLINA
2 (un ave) - 3 (en los corrales de la granja y los prados) - 3 (su pico puntiagudo)

Página 69 · EL GALLO
F - V - V - V

Página 71 · EL PATO
V - V - V - V

Página 73 · EL PAVO
V - F - F - F

Página 75 · LA OCA
V - F - V - F

Página 77 · LA PALOMA
F - F - F - V

Página 79 · LA CODORNIZ
V - F - F - F

Página 81 · EL CABALLO DE TIRO
F - F - V - F

Página 83 · EL ASNO
2 (muy inteligente y terco) - 2 (heno) - 2 (establos)

Página 85 · LA RATA DE CAMPO
V - F - V - V

Página 87 · EL GATO
V - V - V - F

7 DIFERENCIAS

LABERINTO

DINOSAURIOS

Características principales
y datos curiosos

» TYRANNOSAURUS REX

Características principales

TYRANNOSAURUS REX significa «rey de los lagartos tiranos». Este gigante era un carnívoro[1] feroz y aterrador. Sus mandíbulas estaban provistas de colmillos, ¡algunos de ellos llegaban a medir 20 centímetros! De un solo mordisco, rompía los huesos de sus presas.

Comportamiento

El *TYRANNOSAURUS REX* se escondía detrás de los árboles y entre los helechos gigantes para sorprender a sus presas y atacarlas. Cuando se le escapaban, las perseguía con la boca abierta.

Alimentación

El *TYRANNOSAURUS REX* se alimentaba de dinosaurios herbívoros[2]. Devoraba también animales muertos o heridos. Arrancaba grandes trozos de carne y se los tragaba sin masticar, como los cocodrilos.

Datos curiosos

La boca del *TYRANNOSAURUS REX* era tan grande que se habría podido tragar un ser humano entero. Sus dientes afilados estaban curvados hacia adentro. Las pequeñas patas delanteras terminaban en dos finos dedos.

GLOSARIO

1 CARNÍVORO: animal que se alimenta de carne.

2 HERBÍVORO: animal que se alimenta de vegetales y hierbas.

3 CRETÁCICO: tercero y último período de la era mesozoica, que abarca desde hace 144 millones de años hasta hace 65 millones de años.

FICHA DE IDENTIDAD

Tamaño

De 10 a 15 metros de largo y de 4 a 5 metros de altura hasta la cadera.

Peso

De 5 a 7 toneladas

Hábitat

El *Tyrannosaurus rex* vivió a finales del período Cretácico[3], en América del Norte.

JUEGA Y APRENDE ¿VERDADERO O FALSO?

El *Tyrannosaurus rex* masticaba sus alimentos antes de tragarlos.

V F

Era un dinosaurio carnívoro pequeño.

V F

Sus mandíbulas estaban provistas de dientes pequeños.

V F

Vivió en América del Norte.

V F

SPINOSAURUS

Características principales

SPINOSAURUS significa «lagarto de espinas». Debe su nombre a la hilera de espinas que recorría su espalda, que podían llegar a medir hasta 2 metros de alto. Estaban recubiertas por piel, formando una gran vela.

Comportamiento

El *SPINOSAURUS* andaba sobre sus patas posteriores. A pesar de su gran tamaño, se desplazaba con bastante rapidez. Cuando corría, su larga cola afilada[1] se mantenía en posición horizontal y hacía de balancín[2].

Alimentación

El *SPINOSAURUS* era carnívoro. Comía otros dinosaurios y peces grandes. Sus mandíbulas eran largas y estrechas. Estaban provistas de dientes cónicos[3], como los de los cocodrilos.

Datos curiosos

La «vela» le permitía controlar la temperatura corporal. Para calentarse, el *SPINOSAURUS* la exponía al sol y absorbía el calor. Y cuando se quería refrescar, se ponía de cara al viento fresco.

GLOSARIO

1 AFILADO: que se va estrechando y tiene un borde filoso.

2 BALANCÍN: contrapeso para mantenerse en equilibrio.

3 CÓNICO: en forma de cono.

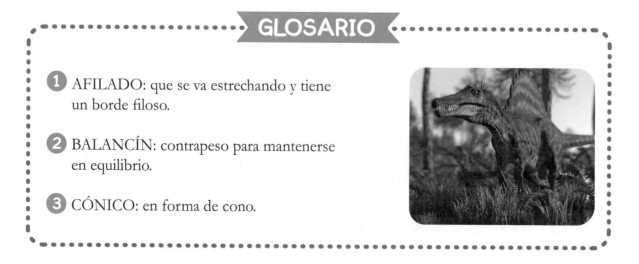

Tamaño

| 0 | 5 | 10 | 15 | 20 | 25 | 30 | 35 |

Alrededor de 12 metros de largo y de 5 a 6 metros de altura con la vela dorsal.

Peso

De 6 a 8 toneladas

Hábitat

El *Spinosaurus* vivió durante el período Cretácico, en el norte de África.

JUEGA Y APRENDE

¿VERDADERO O FALSO?

El *Spinosaurus* andaba en cuatro patas.

V F

Era un dinosaurio herbívoro.

V F

Su vela dorsal le servía para calentarse.

V F

Tenía una mandíbula corta y estrecha.

V F

DILOPHOSAURUS

Características principales

DILOPHOSAURUS significa «lagarto de dos crestas». Las crestas óseas que tenía sobre su cráneo eran bastante finas. Gracias a ellas, los otros dinosaurios podían reconocerlos fácilmente, incluso de lejos.

Crestas

Las crestas del *DILOPHOSAURUS* eran demasiado frágiles para utilizarse en los combates. Según algunos paleontólogos[1], los machos eran los únicos que las tenían.

Alimentación

El *DILOPHOSAURUS* cazaba dinosaurios herbívoros. Después de derribar a la presa, la mantenía en el suelo con sus pies y manos zarposos[2]. A continuación, le arrancaba la carne con sus puntiagudos dientes. También comía carroña[3].

Datos curiosos

El *DILOPHOSAURUS* fue uno de los primeros grandes dinosaurios carnívoros. Era ágil y rápido. Corría sobre sus largas y musculosas patas posteriores y sostenía su larga cola sobre el suelo para mantenerse en equilibrio.

GLOSARIO

1. PALEONTÓLOGO: científico que estudia los fósiles.

2. ZARPOSO: equipado con garras.

3. CARROÑA: restos de animales muertos.

4. JURÁSICO: segundo período de la era mesozoica, que abarca desde hace 208 millones de años hasta hace 144 millones de años.

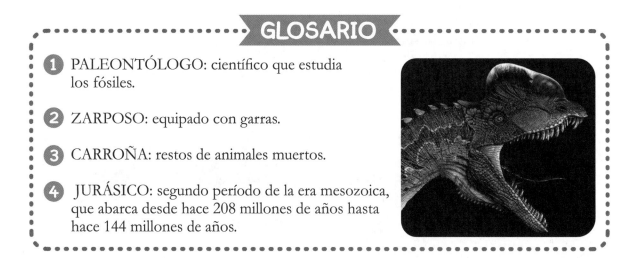

FICHA DE IDENTIDAD

Tamaño

| 0 | 5 | 10 | 15 | 20 | 25 | 30 | 35 |

De 5 a 7 metros de largo y 1,5 metros de alto hasta la cadera.

Peso

De 300 a 450 kg

Hábitat

El *Dilophosaurus* vivió a principios del período Jurásico[4], en los Estados Unidos y probablemente también en China.

JUEGA Y APRENDE ¡ELIGE LA RESPUESTA CORRECTA!

El *Dilophosaurus* poseía…

1. Una cresta.
2. Dos crestas.
3. Un cuerno.

Era un dinosaurio…

1. Muy lento.
2. Ágil.
3. Con cola corta.

Comía…

1. Dinosaurios herbívoros.
2. Huevos de dinosaurios.
3. Plantas.

CERATOSAURUS

Características principales
CERATOSAURUS significa «reptil con cuerno». Este dinosaurio carnívoro tenía un pequeño cuerno en el morro y dos más pequeños encima de los ojos.

Mandíbulas
Las armas del *CERATOSAURUS* eran sus enormes y poderosas mandíbulas. Estaban provistas de unos grandes dientes puntiagudos y curvados hacia adentro. Le permitían desmenuzar[1] la carne de sus víctimas.

Alimentación
El *CERATOSAURUS* era un depredador[2] peligroso. Cazaba todo tipo de dinosaurios herbívoros: de pico de pato, de cuello largo o incluso con armadura. Atacaba también a dinosaurios carnívoros más pequeños y a otros reptiles.

Datos curiosos
El cuerno que tenía sobre el morro no era suficientemente resistente para ser utilizado como arma. Servía únicamente para reconocerse entre ellos. Las patas delanteras eran cortas y robustas, y estaban provistas de cuatro garras.

GLOSARIO

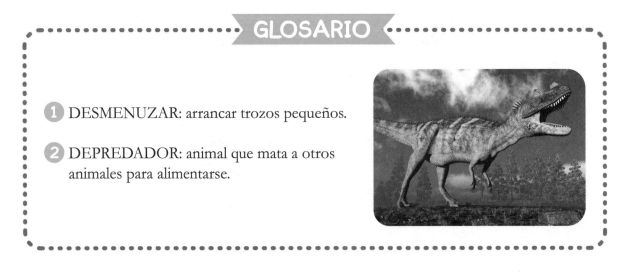

1 DESMENUZAR: arrancar trozos pequeños.

2 DEPREDADOR: animal que mata a otros animales para alimentarse.

Tamaño

0 5 10 15 20 25 30 35

De 5 a 7 metros de largo y 2 metros de alto hasta la cadera.

Peso

De 500 a 1.000 kg

Hábitat

El *Ceratosaurus* vivió a finales del período Jurásico, en los Estados Unidos, en el este de África y en Europa.

JUEGA Y APRENDE ¿VERDADERO O FALSO?

El *Ceratosaurus* comía carne.

V **F**

Tenía tres dedos en cada mano.

V **F**

El cuerno del morro era un arma.

V **F**

Vivió en Asia.

V **F**

STRUTHIOMIMUS

Características principales

STRUTHIOMIMUS significa «imitador del avestruz[1]». Su cabeza pequeña, su largo cuello y sus grandes patas musculosas hacían que este dinosaurio se pareciera mucho a dicha ave. ¡Pero no tenía ni alas ni plumas!

Velocidad

Gracias a sus largas y poderosas patas posteriores, el *STRUTHIOMIMUS* corría muy deprisa. Podía sobrepasar los 50 km/h, lo que era muy útil para escapar de los depredadores que lo perseguían, atraídos por sus apetitosos y cebados[2] muslos.

Alimentación

El *STRUTHIOMIMUS* era omnívoro[3]. Cazaba lagartos pequeños y atrapaba grandes insectos voladores. También comía plantas y granos. Sus largas manos de tres dedos le permitían alcanzar los alimentos.

Datos curiosos

El *STRUTHIOMIMUS* no poseía ningún medio de defensa contra los carnívoros. Por ese motivo, se desplazaba en grupo, ya que era más seguro. Al mínimo peligro, escapaba corriendo a toda velocidad. Su pico estrecho no tenía dientes.

GLOSARIO

1 AVESTRUZ: el pájaro más grande del mundo. No vuela.

2 CEBADO: entrado en carnes, grueso.

3 OMNÍVORO: que se alimenta de toda sustancia orgánica.

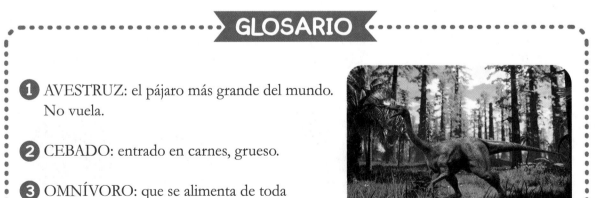

Tamaño

De 3 a 4 metros de largo y 2 metros de alto.

Peso

De 250 a 300 kg

Hábitat

El *Struthiomimus* vivió a finales del período Cretácico, en América del Norte.

JUEGA Y APRENDE ¿VERDADERO O FALSO?

El *Struthiomimus* podía correr a más de 40 km/h.

Ⓥ Ⓕ

Se alimentaba únicamente de animales pequeños.

Ⓥ Ⓕ

Su pico no tenía dientes.

Ⓥ Ⓕ

Corría sobre sus cuatro patas.

Ⓥ Ⓕ

» COELOPHYSIS

Características principales

COELOPHYSIS significa «huesos huecos». Su nombre se refiere a los huesos huecos de sus patas. Fue uno de los primeros dinosaurios carnívoros. Era un depredador pequeño, muy eficaz, porque era ágil y veloz.

Comportamiento

El *COELOPHYSIS* cazaba cerca de los arroyos y lagos cualquier animal pequeño que estuviera a su alcance: lagartos, ranas, insectos, entre otros. Sus manos provistas de cuatro dedos, de los cuales tres eran garras, le permitían atrapar a las presas.

Alimentación

Se han encontrado esqueletos de bebés *COELOPHYSIS* en la caja torácica[1] de algunos adultos: se trataba sin lugar a dudas de los restos de su última comida. Esta evidencia sugiere que se trataba de un dinosaurio caníbal[2].

Datos curiosos

El *COELOPHYSIS* tenía un cuello largo y flexible, muy útil para atrapar a sus presas. Tenía la cabeza alargada y sus mandíbulas estrechas estaban provistas de numerosos dientes pequeños y afilados. Vivía en grupo.

» GLOSARIO «

1 CAJA TORÁCICA: parte del esqueleto que protege el corazón y los pulmones.

2 CANÍBAL: que come animales de su misma especie.

3 TRIÁSICO: primer período de la era mesozoica, y que abarca desde hace 245 millones de años hasta hace 208 millones de años.

≫≫ ≫≫ ≫≫

FICHA DE IDENTIDAD

Tamaño

0 5 10 15 20 25 30 35

De 2,5 a 3 metros de largo y 60 cm de alto hasta la cadera.

Peso

De 20 a 25 kg

Hábitat

El *Coelophysis* vivió a finales del período Triásico[3], en los Estados Unidos.

JUEGA Y APRENDE
¿VERDADERO O FALSO?

El *Coelophysis* atrapaba lagartos.

V **F**

Se demostró que era caníbal.

V **F**

Era un mal cazador.

V **F**

Tenía el cuello largo.

V **F**

» DEINONYCHUS

Características principales

DEINONYCHUS significa «garra terrible».
Este dinosaurio carnívoro tenía en el
segundo dedo de cada pie una gran garra
en forma de hoz[1]. Medía cerca de
15 centímetros.

Velocidad

El *DEINONYCHUS* era un dinosaurio muy
veloz. Tenía un cuerpo esbelto y unas
poderosas patas traseras. Cuando corría
a toda velocidad, la cola lo mantenía
en equilibrio y le servía de timón[2] para
zigzaguear[3].

Alimentación

El *DEINONYCHUS* cazaba dinosaurios
herbívoros en manada[4]. Era un depredador
feroz y ágil. Se abalanzaba sobre su presa,
se agarraba a ella con sus largos dedos
zarposos y la destripaba[5] con las garras
en forma de hoz.

Datos curiosos

Además de las terribles garras que tenía en
manos y pies, el *DEINONYCHUS* tenía
aterradoras mandíbulas con numerosos
dientes afilados como cuchillos. Su aguzada
vista le permitía localizar a sus presas desde
lejos, lo que significaba una gran ventaja.

GLOSARIO

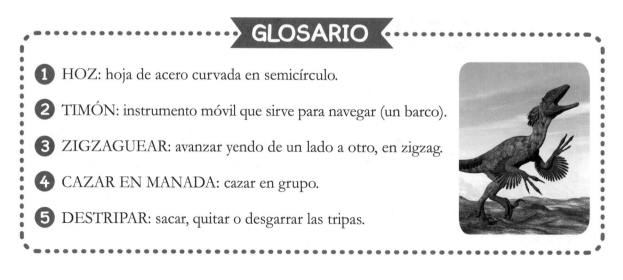

1 HOZ: hoja de acero curvada en semicírculo.

2 TIMÓN: instrumento móvil que sirve para navegar (un barco).

3 ZIGZAGUEAR: avanzar yendo de un lado a otro, en zigzag.

4 CAZAR EN MANADA: cazar en grupo.

5 DESTRIPAR: sacar, quitar o desgarrar las tripas.

FICHA DE IDENTIDAD

Tamaño

0 5 10 15 20 25 30 35

De 3 a 4 metros de largo y 1 metro de alto hasta la cadera.

Peso

De 60 a 70 kg

Hábitat

El *Deinonychus* vivió a principios del período Cretácico, en los Estados Unidos.

JUEGA Y APRENDE ¿VERDADERO O FALSO?

El *Deinonychus* tenía una garra en forma de hoz.

Cazaba en manada.

Podía correr muy deprisa.

Tenía mala vista.

V F V F V F V F

TROODON

Características principales

TROODON significa «diente hiriente». Este dinosaurio carnívoro tenía unas mandíbulas estrechas provistas de numerosos dientes acerados[1]: eran perfectos para despedazar los animales que comía.

Comportamiento

El *TROODON* era un corredor excelente y atrapaba presas muy rápidas como lagartos y mamíferos[2] pequeños. Sus grandes ojos le permitían ver en la oscuridad. De este modo, podía cazar tanto de día como de noche.

Cerebro

El *TROODON* es famoso por su cerebro. Tenía el cerebro más grande de todos los dinosaurios conocidos, en relación al tamaño del cuerpo.

Datos curiosos

Se sabe que sus brazos terminaban en tres dedos finos y zarposos, muy prácticos para agarrar una presa.
Parece ser que el *TROODON* incubaba sus huevos sentado encima para mantenerlos calientes, como hacen las aves. Cuidaba de sus pequeños.

GLOSARIO

1 ACERADO: puntiagudo y afilado.

2 MAMÍFERO: especie animal que amamanta a sus crías.

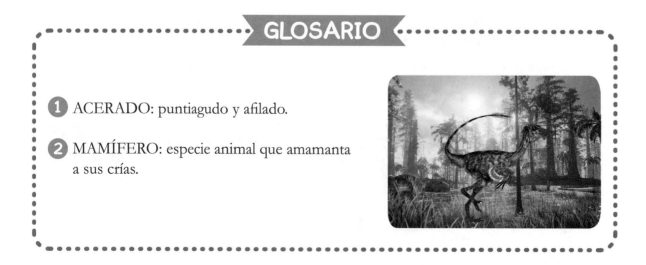

Tamaño

De 2,5 a 3 metros de largo y 1 metro de alto hasta la cadera.

Peso

Alrededor de 50 kg

Hábitat

El *Troodon* vivió a finales del período Cretácico, en América del Norte.

JUEGA Y APRENDE ¡ELIGE LA RESPUESTA CORRECTA!

El *Troodon* cazaba...

1. Solamente de día.
2. Solamente de noche.
3. De día y de noche.

Este dinosaurio tenía...

1. Unos ojos grandes.
2. Unos gruesos dedos zarposos.
3. Un cerebro pequeño.

La hembra ponía huevos y...

1. Los abandonaba.
2. Los tapaba con arena.
3. Los incubaba.

» DIPLODOCUS

Características principales

DIPLODOCUS significa «doble viga». Debe su nombre a los huesos que tiene debajo de cada vértebra[1] de la cola, que tenían la forma de dos vigas pequeñas. Este dinosaurio era un animal colosal[2], pero no era el más grande.

Digestión

Como muchos dinosaurios herbívoros, el *DIPLODOCUS* no masticaba la comida. Así, para facilitar la digestión tragaba piedras. Cuando rodaban en el estómago, aplastaban las plantas más coriáceas[3].

Alimentación

Gracias a su cuello de más de 7 metros, el *DIPLODOCUS* podía disfrutar de los brotes tiernos de las ramas altas de las coníferas[4]: para llegar, solo tenía que levantar el cuello. También podía comer las plantas del suelo.

Datos curiosos

La cola del *DIPLODOCUS* estaba formada por más de setenta vértebras y podía alcanzar la increíble longitud de 14 metros. Sus dientes parecían lápices. Cuando un diente se gastaba, era reemplazado por uno nuevo.

GLOSARIO

1 VÉRTEBRA: hueso de la columna vertebral.

2 COLOSAL: gigante, inmenso.

3 CORIÁCEA: planta de hojas duras y flexibles.

4 CONÍFERA: árbol con hojas en forma de aguja y frutos en forma de cono.

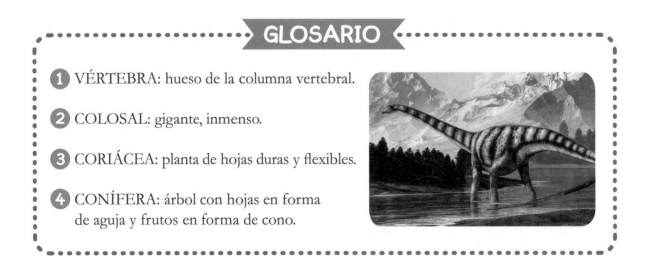

Tamaño

0 5 10 15 20 25 30 35

De 25 a 30 metros de largo y alrededor de 3 metros de alto hasta la cadera.

Peso

De 10 a 15 toneladas

Hábitat

El *Diplodocus* vivió a finales del período Jurásico, en los Estados Unidos.

JUEGA Y APRENDE ¿VERDADERO O FALSO?

El *Diplodocus* era el más grande de todos los dinosaurios.

V F

Su cola medía más de 10 metros.

V F

Sus dientes parecían lápices.

V F

Tragaba piedras para facilitar la digestión.

V F

APATOSAURUS

Características principales

APATOSAURUS significa «lagarto engañoso». También se lo conoce como *Brontosaurus*, «lagarto de trueno». Tiene dos nombres debido al error de un científico, por creer que había descubierto dos dinosaurios diferentes.

Defensa

Este dinosaurio gigante podía aplastar a un enemigo poniéndose en pie sobre las patas traseras y dejando caer las delanteras sobre él. Pero su arma principal era su larga cola, la cual utilizaba como látigo.

Alimentación

El *APATOSAURUS* se alimentaba de helechos, de cicas[1] y coníferas. Para alcanzar las agujas y conos[2] de pino de la cima[3] de los árboles, se levantaba sobre las patas posteriores[4] y se apoyaba en la cola.

Datos curiosos

El *APATOSAURUS* tenía unos dientes pequeños y puntiagudos, situados en la parte de adelante de la mandíbula. Estaban separados, lo que le permitía arrancar las hojas fácilmente. De hecho, sus dientes hacían de rastrillo[5].

GLOSARIO

1 CICA: árbol parecido a una palmera.

2 CONO DE PINO: piña de pino.

3 CIMA: cumbre.

4 PATAS POSTERIORES: patas de atrás.

5 RASTRILLO: herramienta con púas y un mango largo.

JUEGA Y APRENDE ¡ELIGE LA RESPUESTA CORRECTA!

El *Apatosaurus* también se llamaba...

1. *Barapasaurus.*
2. *Braquiosaurus.*
3. *Brontosaurus.*

Se defendía con...

1. Sus grandes garras.
2. Su larga cola.
3. Sus enormes dientes afilados.

Sus dientes hacían de...

1. Tamiz.
2. Rastrillo.
3. Cuchillo.

PARASAUROLOPHUS

Características principales

PARASAUROLOPHUS significa «semejante al reptil con cresta❶». Este herbívoro gigante forma parte del grupo de los «dinosaurios con pico de pato». Se les llama así por su pico aplanado parecido al de los patos.

Cresta

La cresta en forma de tubo largo del *PARASAUROLOPHUS* era hueca. Los paleontólogos creen que servía para emitir sonidos y comunicarse entre ellos. Hacía vibrar el aire en su interior y producía un bramido❷.

Comportamiento

El *PARASAUROLOPHUS* podía andar tanto sobre dos patas como sobre cuatro. La mayor parte del tiempo se desplazaba en cuatro patas. Pero en caso de peligro, huía corriendo sobre sus poderosas patas posteriores.

Datos curiosos

El *PARASAUROLOPHUS* vivía en manada❸. Tenía varias hileras de dientes, muy útiles para masticar❹ las plantas. Su cresta podía llegar a medir 2 metros de largo. La de los machos era más grande que la de las hembras.

GLOSARIO

❶ CRESTA: protuberancia o carnosidad sobre la cabeza.

❷ BRAMIDO: sonido potente y prolongado.

❸ MANADA: animales que se desplazan juntos.

❹ MASTICAR: aplastar largamente con los dientes antes de tragar.

Tamaño

0 5 10 15 20 25 30 35

Alrededor de 10 metros
de largo y 3 metros de alto
hasta la cadera.

Peso

De
2,5 a 4
toneladas

Hábitat

El *Parasaurolophus* vivió
a finales del período
Cretácico, en América del
Norte.

JUEGA Y APRENDE ¿VERDADERO O FALSO?

La cresta del
Parasaurolophus
era maciza, sin huecos.

La hembra tenía una
cresta más pequeña
que la del macho.

Masticaba
los vegetales.

Corría en cuatro
patas.

V   F   V   F   V   F   V   F

» STEGOSAURUS

Características principales

STEGOSAURUS significa «reptil con tejado». En un principio, los paleontólogos creyeron que las placas estaban dispuestas de forma plana sobre su espalda, como las tejas de un tejado. Por eso, le otorgaron este nombre.

Placas

Su doble hilera de grandes placas servía seguramente para captar[1] el calor solar. Al amanecer, el *STEGOSAURUS* las exponía de cara al sol para calentarse. Cuando se había templado lo suficiente, se desplazaba a otro sitio.

Comportamiento

A pesar de su impresionante aspecto, el *STEGOSAURUS* era un dinosaurio herbívoro pacífico[2]. Se alimentaba de helechos y una variedad de plantas. Vivía en grupo. Se desplazaba en sus cuatro patas y lo hacía lentamente.

Datos curiosos

La cola del *STEGOSAURUS*, que estaba provista de cuatro púas, era una poderosa arma de defensa. Las púas eran muy afiladas y podían llegar a medir 1 metro de largo. El depredador que lo atacara corría el riesgo de quedar ensartado[3].

►GLOSARIO◄

1 CAPTAR: absorber, almacenar.

2 PACÍFICO: apacible, tranquilo.

3 ENSARTADO: atravesado por una púa.

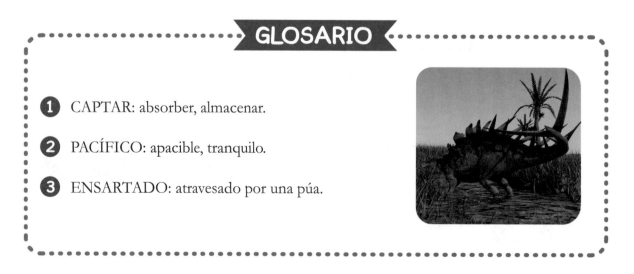

Tamaño

0 5 10 15 20 25 30 35

De 7,5 a 9 metros de largo y alrededor de 2 metros de alto hasta la cadera.

Peso

De 2 a 3 toneladas

Hábitat

El *Stegosaurus* vivió a finales del período Jurásico, en los Estados Unidos.

JUEGA Y APRENDE

¿VERDADERO O FALSO?

El *Stegosaurus* podía correr muy deprisa.

V F

Exponía sus placas al sol para calentarse.

V F

Se alimentaba de helechos.

V F

Su cola era un arma poderosa.

V F

ANQUILOSAURUS

Características principales

ANQUILOSAURUS significa «lagarto fusionado[1]». Este dinosaurio estaba protegido por unas espesas placas óseas articuladas y provistas de numerosas puntas, que le servían de escudo. Su cabeza estaba armada con cuatro cuernos piramidales.

Punto débil

Su armadura no cubría el vientre. Para protegerlo, el *ANQUILOSAURUS* tenía que estirarse en el suelo, con las patas replegadas bajo su cuerpo. Si un depredador intentaba morderle la coraza[2], es probable que se rompiera los dientes.

Defensa

El *ANQUILOSAURUS* tenía un arma temible: su cola. Esta terminaba en una enorme bola de hueso fusionado, formando una verdadera maza. En caso de ser atacado, la lanzaba violentamente a las patas de su asaltante[3].

Datos curiosos

El *ANQUILOSAURUS* era herbívoro. Con su gran pico desdentado[4] arrancaba las plantas. Fue uno de los últimos dinosaurios con armadura en sobrevivir hasta la gran extinción[5], y también de los más grandes.

GLOSARIO

1 FUSIONADO: agrupado, que forma una unidad.

2 CORAZA: armadura.

3 ASALTANTE: agresor.

4 DESDENTADO: sin dientes.

5 EXTINCIÓN: desaparición de una especie.

JUEGA Y APRENDE — ¿VERDADERO O FALSO?

El *Anquilosaurus* utilizaba la cola para defenderse.
V F

Su armadura cubría todo el cuerpo.
V F

Su cola terminaba en unas púas.
V F

Su cabeza tenía cuatro cuernos encorvados.
V F

TRICERATOPS

Características principales

TRICERATOPS significa «cara con tres cuernos». Este famoso dinosaurio tenía un cuerno nasal[1] corto y un cuerno frontal[2] encima de cada ojo. Los cuernos de la frente medían más de 1 metro de longitud cada uno.

Cuernos

Los cuernos le permitían defenderse y herir gravemente a sus enemigos, como el *Tyrannosaurus rex*. Servían también para intimidar a los otros machos en los combates por el liderazgo.

Alimentación

El *TRICERATOPS* comía helechos y hojas de varios arbustos. Cortaba las plantas con el pico, que era muy parecido al del loro. Luego utilizaba sus numerosos pequeños dientes serrados para reducirlas a trozos menudos[3].

Datos curiosos

El *TRICERATOPS* era cuadrúpedo[4]. Cargaba contra sus enemigos con la cabeza baja, como un rinoceronte. En caso de peligro, los adultos reunían a los pequeños en el centro de la manada. Después, se enfrentaban al agresor, con el cuello alzado y los cuernos hacia adelante.

GLOSARIO

1 CUERNO NASAL: cuerno situado sobre la nariz.

2 CUERNO FRONTAL: cuerno situado sobre la frente.

3 MENUDO: pequeño, delgado y fino.

4 CUADRÚPEDO: que anda sobre sus cuatro patas.

» » »

FICHA DE IDENTIDAD

Tamaño

De 9 a 10 metros de largo y 2 metros de alto hasta la cadera.

Peso

De 5 a 6 toneladas

Hábitat

El *Triceratops* vivió a finales del período Cretácico, en América del Norte.

JUEGA Y APRENDE ¡ELIGE LA RESPUESTA CORRECTA!

El *Triceratops* tenía...

1. Un cuerno grande y dos cuernos pequeños.

2. Un cuerno pequeño y dos cuernos grandes.

3. Tres cuernos de la misma longitud.

Su pico se parecía al de...

1. Un avestruz.

2. Un pato.

3. Un loro.

Vivió en...

1. América del Norte.

2. América del Sur.

3. África.

PTERANODON

Características principales

PTERANODON significa «alado sin dientes». Este animal no era un dinosaurio, sino un *Pterosaurus* o reptil volador. Los *Pterosaurus* vivían en la misma época que los dinosaurios y se extinguieron al mismo tiempo que ellos.

Cresta

La función de la cresta del *PTERANODON* continúa siendo un misterio. Quizás servía para cambiar la dirección cuando volaba o simplemente hacía de contrapeso[1] al pico. También pudo haber sido un elemento para seducir durante la época de apareamiento.

Alimentación

El *PTERANODON* se alimentaba de peces. Para capturarlos, seguramente pasaba rozando la superficie del mar y utilizaba su largo pico abierto como si fuera una red. Como no tenía dientes, los devoraba enteros.

Datos curiosos

El *PTERANODON* tenía una bolsa debajo del pico. Le servía para guardar los peces antes de comérselos, como hacen los pelícanos. Su cuerpo estaba recubierto por un fino pelaje[2] y sus alas estaban formadas por una piel tensada.

GLOSARIO

1. HACER CONTRAPESO: equilibrar, compensar.

2. PELAJE: conjunto de pelos de un animal.

3. ENVERGADURA: longitud de las alas desplegadas.

FICHA DE IDENTIDAD

Tamaño

De 7 a 9 metros de envergadura[3] y 1,60 metros de alto.

Peso

De 17 a 20 kg

Hábitat

El *Pteranodon* vivió a finales del período Cretácico, en los Estados Unidos y en Europa.

JUEGA Y APRENDE ¿VERDADERO O FALSO?

El *Pteranodon* era un dinosaurio.

V   F

Se alimentaba de peces.

V   F

Tenía una gran cresta.

V   F

Su cuerpo estaba recubierto por un pelaje muy espeso.

V   F

QUETZALCOATLUS

Características principales

QUETZALCOATLUS significa «serpiente con plumas», en referencia al dios de la mitología[1] azteca[2]. Fue un nombre mal escogido, porque en realidad no tenía plumas. Este reptil volador era gigantesco: tenía el tamaño de un avión pequeño.

Desplazamiento aéreo

Seguramente, el *QUETZALCOATLUS* era un maestro en el arte del planeo debido a sus gigantescas alas. Podía volar muy alto dejándose llevar por las corrientes de aire caliente ascendentes[3].

Desplazamiento terrestre

En el suelo, el *QUETZALCOATLUS* se desplazaba con torpeza dando pasos pequeños. Andaba sobre las patas posteriores, con las alas replegadas, y ayudándose con los brazos. Para poder despegar, tenía que impulsarse y lanzarse desde cierta altura.

Datos curiosos

El *QUETZALCOATLUS* vivía en el interior, cerca de ríos y lagos. Se alimentaba de peces y tal vez también de carroña. Su cuello alcanzaba los 3 metros de longitud, pero era bastante rígido.

GLOSARIO

1 MITOLOGÍA: conjunto de leyendas propias de un pueblo, una civilización o una religión.

2 AZTECAS: antiguo pueblo de México.

3 ASCENDENTE: que sube, hacia arriba.

JUEGA Y APRENDE ¿VERDADERO O FALSO?

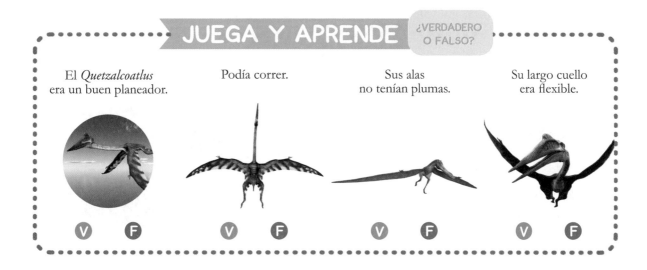

El *Quetzalcoatlus* era un buen planeador.

Podía correr.

Sus alas no tenían plumas.

Su largo cuello era flexible.

V F   V F   V F   V F

ELASMOSAURUS

Características principales

ELASMOSAURUS significa «lagarto con placa». El científico que reconstruyó este reptil marino por primera vez se equivocó: le colocó la cabeza en el extremo de la cola, pensando que el largo cuello era una cola.

Cuello

El *ELASMOSAURUS* era el reptil marino con el cuello más largo. Su cuello, extremadamente móvil, medía entre 7 y 8 metros de longitud, esto es, más de la mitad de su cuerpo. Estaba compuesto por setenta vértebras.

Alimentación

Gracias a su cuello, el *ELASMOSAURUS* atrapaba a sus presas en un instante[1]. Le bastaba con equilibrarlo en medio de un banco de peces[2] o sacarlo fuera del agua para atrapar en pleno vuelo a un *Pterosaurus* planeando a ras del mar.

Datos curiosos

El *ELASMOSAURUS* tenía una cabeza pequeña, pero sus mandíbulas poseían numerosos dientes afilados. Sus patas se habían transformado en aletas. Para propulsarse[3], las subía y las bajaba del mismo modo que un pájaro bate sus alas.

GLOSARIO

[1] EN UN INSTANTE: muy deprisa, con rapidez.

[2] BANCO DE PECES: gran cantidad de peces reunidos.

[3] PROPULSARSE: impulsarse hacia adelante para avanzar.

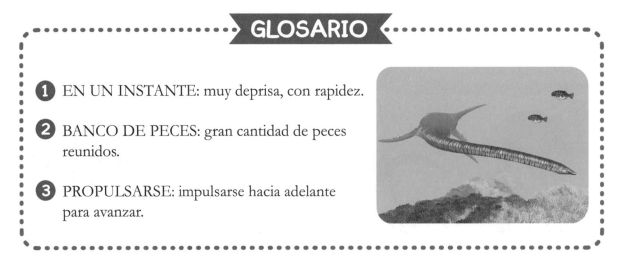

FICHA DE IDENTIDAD

Tamaño

| 0 | 5 | 10 | 15 | 20 | 25 | 30 | 35 |

De 12 a 14 metros de largo.

Peso

De 2 a 3 toneladas

Hábitat

El *Elasmosaurus* vivió a finales del período Cretácico, en los Estados Unidos y en Asia.

JUEGA Y APRENDE   ¡ELIGE LA RESPUESTA CORRECTA!

El *Elasmosaurus* vivía...

1. En tierra.
2. En el mar.
3. En los ríos.

Sus mandíbulas...

1. Eran desdentadas.
2. Estaban provistas de dientes afilados.
3. Estaban provistas de dientes aplanados.

Este reptil marino tenía...

1. Una cabeza pequeña y un cuello corto.
2. Una cola larga.
3. Aletas.

KRONOSAURUS

Características principales
KRONOSAURUS significa «lagarto del tiempo». Este nombre se inspira en el titán[1] Cronos: era feroz y devoraba hasta a sus propios hijos. El *Kronosaurus* era un reptil marino gigantesco y muy sanguinario[2].

Mandíbulas
El *KRONOSAURUS* tenía una fuerza terrorífica en las mandíbulas: eran aún más grandes y poderosas que las del *Tyrannosaurus rex*. Esto lo convertía en uno de los depredadores más temidos de los mares del período Cretácico.

Comportamiento
El *KRONOSAURUS* era un nadador muy ágil. Se desplazaba batiendo sus aletas verticalmente. Perseguía tiburones, cefalópodos[3] gigantes y tortugas. Atacaba también a los otros reptiles marinos.

Datos curiosos
La cabeza del *KRONOSAURUS* tenía casi 3 metros de longitud, es decir, aproximadamente una cuarta parte de la longitud total del cuerpo. Algunos de sus dientes medían casi 30 centímetros y eran tan afilados como cuchillos.

GLOSARIO

1 TITÁN: divinidad de la mitología griega.

2 SANGUINARIO: cruel, feroz.

3 CEFALÓPODO: molusco con la cabeza envuelta por brazos provistos de ventosas (calamar, pulpo, sepia).

4 INOFENSIVO: que no es peligroso.

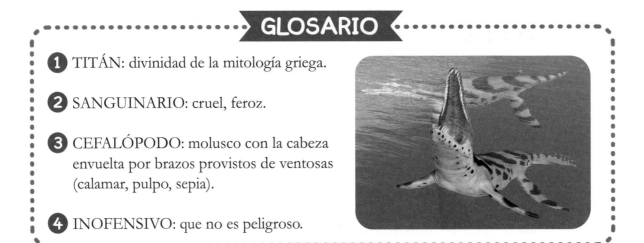

FICHA DE IDENTIDAD

Tamaño

0 5 10 15 20 25 30 35

De 10 a 13 metros de largo.

Peso

De 20 a 26 toneladas

Hábitat

El *Kronosaurus* vivió a principios del período Cretácico, en Australia.

JUEGA Y APRENDE ¿VERDADERO O FALSO?

El *Kronosaurus* era un reptil marino inofensivo[4].

V F

Sus mandíbulas eran gigantescas.

V F

Cazaba tiburones.

V F

Sus dientes eran muy grandes.

V F

7 DIFERENCIAS

Entre las dos imágenes hay 7 diferencias.
¿Te animas a descubrirlas?

LABERINTO

Ayuda al *Diplodocus* a encontrar al *Triceratops*, evitando al *Tyrannosaurus rex* y al *Deinonychus*.

» Soluciones

JUEGA Y APRENDE

Página 95 · *TYRANNOSAURUS REX*
F - F - F - V

Página 97 · *SPINOSAURUS*
F - F - V - F

Página 99 · *DILOPHOSAURUS*
2 (dos crestas) - 2 (ágil) - 1 (dinosaurios herbívoros)

Página 101 · *CERATOSAURUS*
V - F - F - F

Página 103 · *STRUTHIOMIMUS*
V - F - V - F

Página 105 · *COELOPHYSIS*
V - V - F - V

Página 107 · *DEINONYCHUS*
V - V - V - F

Página 109 · *TROODON*
3 (de día y de noche) - 1 (unos ojos grandes) - 3 (los incubaba)

Página 111 · *DIPLODOCUS*
F - V - V - V

Página 113 · *APATOSAURUS*
3 (*Brontosaurus*) - 2 (su larga cola) - 2 (rastrillo)

Página 115 · *PARASAUROLOPHUS*
F - V - V - F

Página 117 · *STEGOSAURUS*
F - V - V - V

Página 119 · *ANQUILOSAURUS*
V - F - F - F

Página 121 · *TRICERATOPS*
2 (un cuerno pequeño y dos cuernos grandes) - 3 (un loro) - 1 (América del Norte)

Página 123 · *PTERANODON*
F - V - V - F

Página 125 · *QUETZALCOATLUS*
V - F - V - F

Página 127 · *ELASMOSAURUS*
2 (en el mar) - 2 (estaban provistas de dientes afilados) - 3 (aletas)

Página 129 · *KRONOSAURUS*
F - V - V - V

7 DIFERENCIAS

LABERINTO

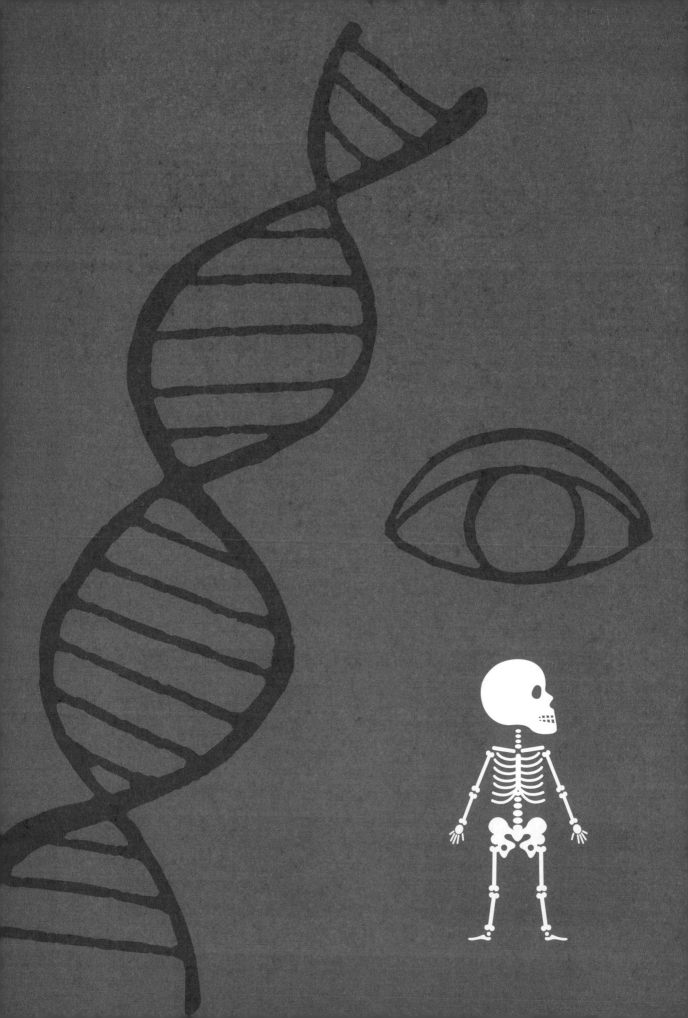

EL CUERPO HUMANO

Características principales y datos curiosos

LAS PARTES DEL CUERPO HUMANO

Partes principales

El cuerpo humano tiene cuatro partes principales: la cabeza, el tronco y las extremidades superiores e inferiores. En cada una se diferencian otras más pequeñas.

La cabeza

La parte posterior de la cabeza es la nuca, y la anterior, la cara. En la cara se encuentran los sentidos[1] de la vista (ojos), el olfato (nariz), el oído (orejas) y el gusto (en la boca).

El tronco

El tronco conecta todas las partes del cuerpo. La parte superior es el tórax, y la inferior es el abdomen.

Las extremidades

Son las partes del cuerpo que tienen mayor cantidad y variedad de movimientos. Los brazos son las extremidades superiores y tienen tres partes: mano, antebrazo y brazo. Las piernas o extremidades inferiores constan del pie, la pierna y el muslo.

JUEGA Y APRENDE ¿VERDADERO O FALSO?

El tórax es parte del tronco.

V F

Las extremidades inferiores son las piernas.

V F

La cara está en la parte posterior de la cabeza.

V F

Las cejas protegen la boca.

V F

136

¿Cómo se llaman las partes del cuerpo?

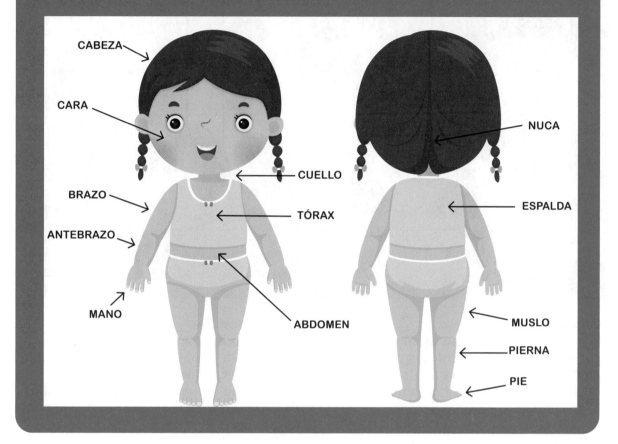

- CABEZA
- CARA
- CUELLO
- BRAZO
- TÓRAX
- ANTEBRAZO
- MANO
- ABDOMEN
- NUCA
- ESPALDA
- MUSLO
- PIERNA
- PIE

DATOS CURIOSOS

¿Para qué sirven las cejas?

Las cejas protegen los ojos del sudor porque desvían sus gotas hacia los costados. También resguardan a los ojos de la radiación[2] solar. Cada pelo de las cejas dura un mes, después se cae y crece otro.

GLOSARIO

1. SENTIDOS: conjunto de órganos que nos permiten relacionarnos con el mundo exterior. Los cinco sentidos son la vista, el olfato, el oído, el gusto y el tacto.

2. RADIACIÓN: energía que se desplaza a través del espacio.

» LA PIEL

Órgano protector

La piel es el órgano❶ más extenso del cuerpo humano y funciona como una barrera protectora. Posee dos partes: la epidermis, que es la capa exterior, y la dermis, que es la capa interior.

El color

El tono de la piel depende de una sustancia de la epidermis llamada «melanina» que nos protege de los rayos solares. Cuando una piel clara se expone a los rayos del sol, sus células producen más melanina y, por eso, adquiere el color tostado.

La temperatura

La piel ayuda a mantener constante la temperatura de nuestro cuerpo. Por ejemplo, cuando realizamos actividad física, la temperatura se eleva, y el vello —los pelitos de la piel— produce el sudor que sirve para refrescarnos.

¿Y las arrugas?

Las células de la epidermis se renuevan constantemente, pero con el paso del tiempo dejan de producir algunas sustancias. La piel tiene menos elasticidad, por lo que no recupera su forma y se arruga.

JUEGA Y APRENDE   ¿VERDADERO O FALSO?

La epidermis es la capa externa de la piel.

La melanina regula la temperatura corporal.

La piel es el órgano más extenso del cuerpo.

Las arrugas se producen por la falta de algunas sustancias.

V F   V F   V F   V F

Corte de la piel

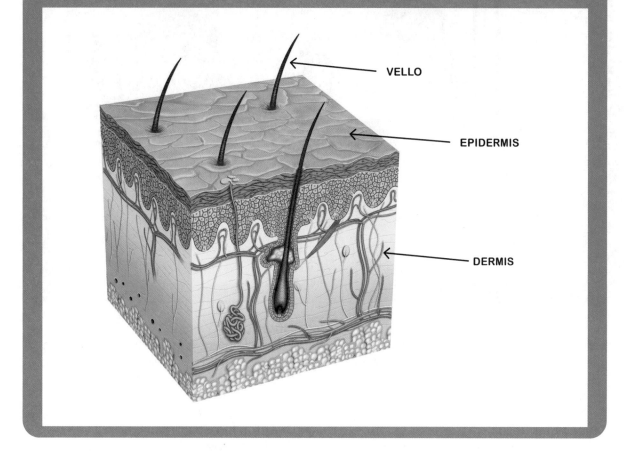

VELLO

EPIDERMIS

DERMIS

DATOS CURIOSOS

Las uñas son piel

Las uñas son una modificación de la epidermis que se vuelve más gruesa y se endurece gracias a la queratina[2]. Las uñas de las manos crecen cuatro o cinco veces más rápido que las de los pies. Hay personas que se comen las uñas, y ese trastorno se llama «onicofagia».

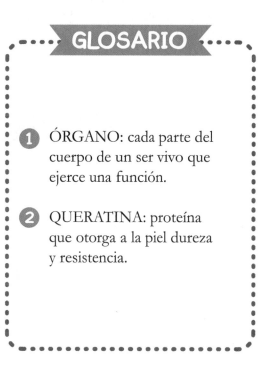

GLOSARIO

1. ÓRGANO: cada parte del cuerpo de un ser vivo que ejerce una función.

2. QUERATINA: proteína que otorga a la piel dureza y resistencia.

LOS HUESOS

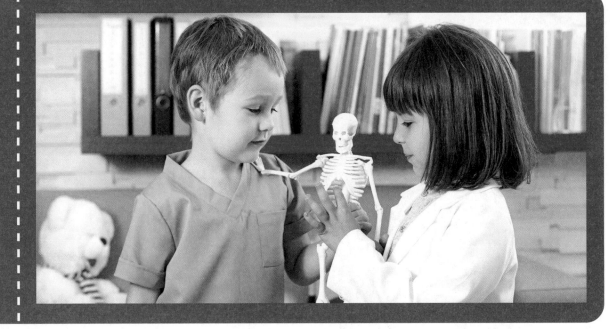

Función del esqueleto

Los seres humanos tenemos un esqueleto interno que sostiene y protege los órganos. Los huesos son órganos endurecidos por sustancias como el calcio y el fósforo.

Clases de huesos

Hay huesos largos que están, por ejemplo, en las extremidades. Otros son planos y protegen órganos, como los del cráneo. Además, hay huesos cortos que son también anchos y gruesos: las vértebras son un ejemplo.

El interior

Algunos huesos, como el fémur, tienen en su interior cavidades rellenas por la médula ósea[1] roja que produce las células de la sangre.

¿Cuántos huesos tenemos?

El esqueleto de una persona adulta está formado por 206 huesos. Los niños tienen hasta 215 huesos, es decir, más que los adultos. Lo que ocurre es que con la edad algunos se fusionan.

JUEGA Y APRENDE — ¿VERDADERO O FALSO?

Los adultos tienen más huesos que los niños. V F

El húmero es un hueso largo. V F

Los huesos son órganos blandos. V F

La radiografía muestra una imagen de los huesos. V F

El esqueleto

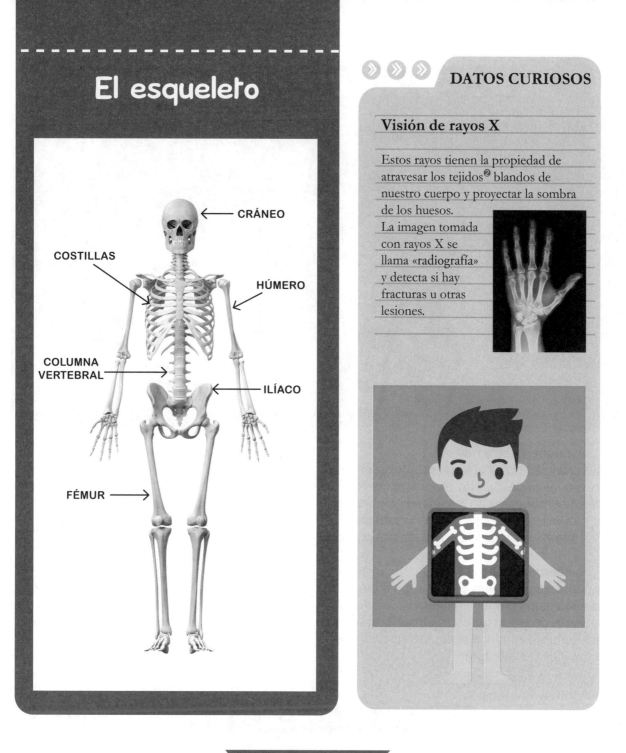

CRÁNEO

COSTILLAS

HÚMERO

COLUMNA VERTEBRAL

ILÍACO

FÉMUR

GLOSARIO

1 MÉDULA ÓSEA: tejido esponjoso que rellena las cavidades de algunos huesos.

2 TEJIDO: conjunto de células organizadas para cumplir una función.

LAS ARTICULACIONES

Conexiones entre huesos

La articulación es el lugar donde se unen dos o más huesos. Hay articulaciones móviles, como las de los huesos de brazos y piernas; semimóviles, como las de las vértebras, e inmóviles, como las del cráneo.

Los ligamentos

En las articulaciones móviles, los huesos están unidos por los ligamentos, unas bandas de tejido fibroso. La membrana[1] que los recubre produce el líquido sinovial que sirve como lubricante[2].

Los cartílagos

Los extremos de los huesos están recubiertos por cartílago, que es un tejido fuerte y resistente. Una de sus funciones es amortiguar los golpes que se producen al caminar o al saltar.

Encastre

Los bordes de las articulaciones inmóviles del cráneo están encastrados, como las piezas de un rompecabezas.

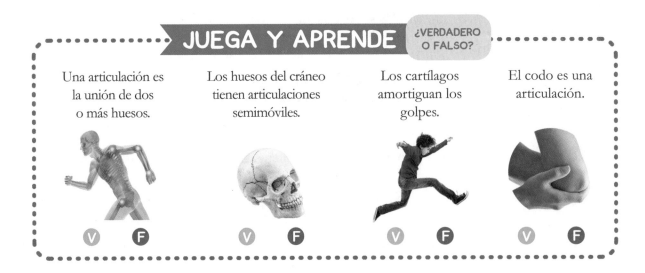

JUEGA Y APRENDE ¿VERDADERO O FALSO?

Una articulación es la unión de dos o más huesos.

V F

Los huesos del cráneo tienen articulaciones semimóviles.

V F

Los cartílagos amortiguan los golpes.

V F

El codo es una articulación.

V F

La articulación de la rodilla

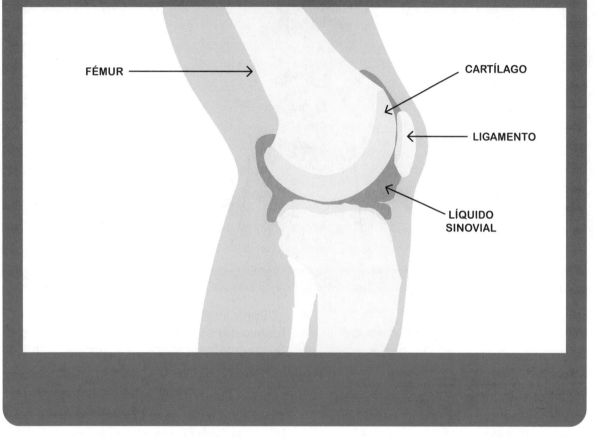

FÉMUR

CARTÍLAGO

LIGAMENTO

LÍQUIDO SINOVIAL

DATOS CURIOSOS

Dedos que crujen

Las articulaciones de los dedos están lubricadas por el líquido sinovial que, al ser sometido a presión, produce la vaporización de gases.
Al estirar forzadamente los dedos, se forman burbujas de ese gas que estallan y producen el sonido característico.

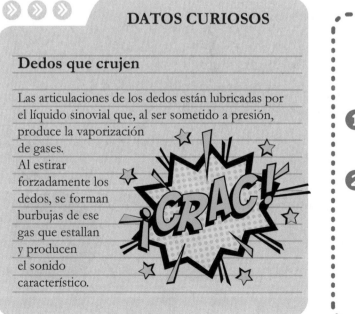

GLOSARIO

1 MEMBRANA: tejido blando en forma de lámina.

2 LUBRICANTE: cualquier sustancia que disminuye el roce entre dos superficies.

LOS MÚSCULOS

Movimiento

Los huesos se mueven por los músculos que se contraen para acortarse y se relajan para estirarse. Los que mueven el esqueleto se llaman «músculos voluntarios» porque podemos controlarlos, a diferencia de los músculos involuntarios que no dominamos, como el corazón.

Los tendones

Los músculos se sujetan a los huesos por medio de los tendones, que tienen el aspecto de cordones gruesos. Son muy resistentes.

¿Cuántos músculos tenemos?

En nuestro cuerpo tenemos 600 músculos. Solamente para sonreír debemos mover una combinación de 12 músculos del rostro.

Clases de músculos

Hay músculos largos, como los de los brazos y piernas; cortos, como los de la columna vertebral, y anchos, como los del abdomen.

JUEGA Y APRENDE ¿VERDADERO O FALSO?

El cuádriceps es un músculo largo.
V F

Los tendones sujetan los músculos a los huesos.
V F

Los músculos de la cara son involuntarios.
V F

Tenemos 700 músculos en el cuerpo.
V F

Principales músculos

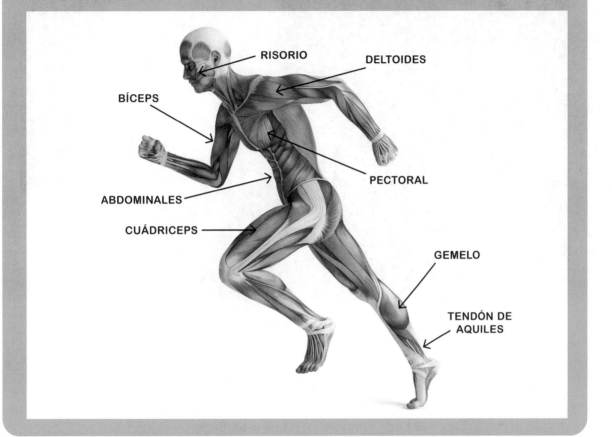

RISORIO
DELTOIDES
BÍCEPS
PECTORAL
ABDOMINALES
CUÁDRICEPS
GEMELO
TENDÓN DE AQUILES

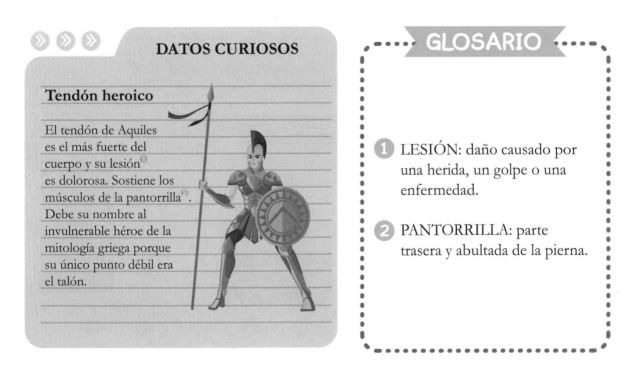

DATOS CURIOSOS

Tendón heroico

El tendón de Aquiles es el más fuerte del cuerpo y su lesión[1] es dolorosa. Sostiene los músculos de la pantorrilla[2]. Debe su nombre al invulnerable héroe de la mitología griega porque su único punto débil era el talón.

GLOSARIO

1 LESIÓN: daño causado por una herida, un golpe o una enfermedad.

2 PANTORRILLA: parte trasera y abultada de la pierna.

145

EL SISTEMA DIGESTIVO

El tubo digestivo
El sistema digestivo está formado por un largo tubo. En su recorrido, los alimentos sufren una serie de transformaciones.

La boca
La digestión comienza en la boca donde trituramos el alimento con los dientes y lo ablandamos con la saliva para poder tragarlo y que pase con mayor facilidad por la faringe y el esófago hasta el estómago.

El estómago
El estómago es un músculo que realiza movimientos para batir el alimento molido y mezclarlo con los jugos gástricos[1] que ayudan a disolverlo.

Los intestinos
En el intestino delgado se le agregan al alimento diluido los jugos de dos glándulas[2]: el páncreas y el hígado. Allí se extraen las sustancias nutritivas que pasan a la sangre. El resto recorre el intestino grueso y se desecha como materia fecal[3].

JUEGA Y APRENDE ¿VERDADERO O FALSO?

Las sustancias nutritivas se extraen en el estómago.

La digestión comienza en la boca.

En nuestros intestinos viven bacterias que ayudan a la digestión.

El páncreas se conecta con el esófago.

V F   V F   V F   V F

Órganos del sistema digestivo

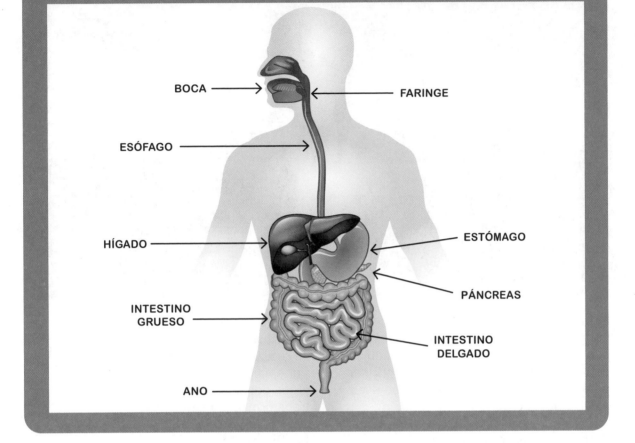

BOCA

FARINGE

ESÓFAGO

HÍGADO

ESTÓMAGO

PÁNCREAS

INTESTINO GRUESO

INTESTINO DELGADO

ANO

DATOS CURIOSOS

¡Yo no fui!

Las flatulencias, llamadas popularmente «pedos», se deben a bacterias beneficiosas para la digestión que viven en el intestino: al procesar algunas sustancias generan gases que son despedidos por el ano, a veces, con sonido y olor desagradable. Es un proceso natural del cuerpo.

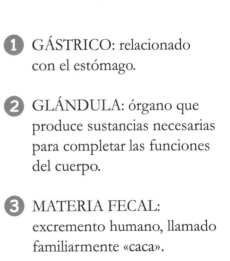

GLOSARIO

1. GÁSTRICO: relacionado con el estómago.

2. GLÁNDULA: órgano que produce sustancias necesarias para completar las funciones del cuerpo.

3. MATERIA FECAL: excremento humano, llamado familiarmente «caca».

LA DIGESTIÓN

El proceso

Para poder digerir los alimentos, nuestro cuerpo debe transformarlos en partículas pequeñísimas que puedan ser absorbidas para pasar a la sangre y distribuirse a las células del cuerpo.

Transformaciones mecánicas

Al masticar un alimento, se realiza una transformación mecánica que consiste en cortarlo, romperlo y molerlo. Los músculos del estómago que mueven el alimento también realizan tareas mecánicas.

Transformaciones químicas

Otras transformaciones de los alimentos se realizan mediante un proceso químico[1]. Por ejemplo, en el intestino delgado los jugos del hígado y el páncreas producen transformaciones químicas.

La absorción

La pared interior del intestino delgado tiene pliegues recorridos por vasos capilares[2]. Estos vasos tienen poros[3] que absorben las partículas nutritivas, el agua, los minerales y las vitaminas que pasan a la sangre.

JUEGA Y APRENDE ¿VERDADERO O FALSO?

Los vasos capilares del intestino realizan una transformación mecánica del alimento.

V F

El jugo del estómago produce una transformación química.

V F

Al hacer la digestión, agua, vitaminas, minerales y nutrientes pasan a la sangre.

V F

Los dientes transforman el alimento mecánicamente.

V F

Los dientes

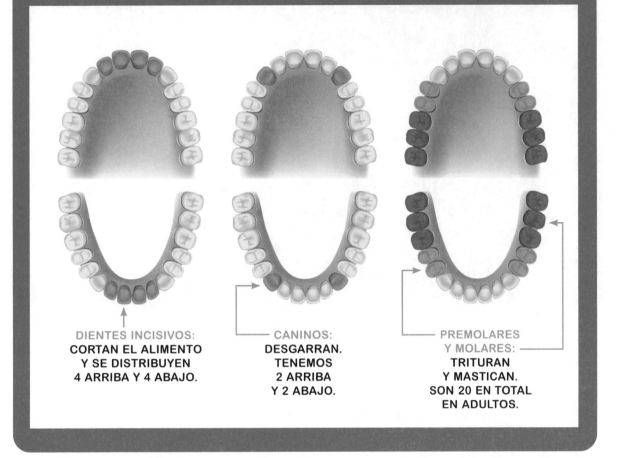

DIENTES INCISIVOS:
CORTAN EL ALIMENTO
Y SE DISTRIBUYEN
4 ARRIBA Y 4 ABAJO.

CANINOS:
DESGARRAN.
TENEMOS
2 ARRIBA
Y 2 ABAJO.

PREMOLARES
Y MOLARES:
TRITURAN
Y MASTICAN.
SON 20 EN TOTAL
EN ADULTOS.

DATOS CURIOSOS

¿Se corta la digestión?

Durante la digestión la temperatura del cuerpo se concentra en el estómago. Si entramos al agua fría, el calor se dispersará y puede provocar un *shock* en el que, en realidad, se interrumpe la respiración. Lo ideal es esperar dos horas luego de una comida.

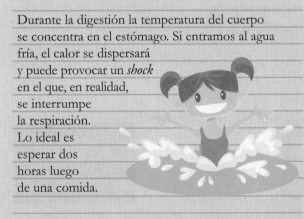

GLOSARIO

1 PROCESO QUÍMICO: el que altera la composición de la materia.

2 VASO CAPILAR: conducto fino como un cabello por el que circula sangre.

3 PORO: pequeño orificio de un tejido o una membrana.

» EL SISTEMA CIRCULATORIO

La sangre
Está formada por un líquido que contiene distintas células. Los glóbulos[1] rojos tienen ese color porque contienen hierro; transportan sustancias hacia las células. Los blancos defienden al organismo de agentes extraños. Las plaquetas[2] coagulan la sangre cuando hay una herida.

El corazón
Se encuentra en el centro del pecho, levemente a la izquierda del esternón. Es un músculo que bombea la sangre hacia el resto del cuerpo. En su interior hay cavidades por las que circula la sangre.

Venas y arterias
Las venas y las arterias son conductos por los que la sangre circula.
La sangre se oxigena en los pulmones y viaja por las arterias; la sangre que recoge los desechos de las células circula por las venas.

Los circuitos
La sangre recorre dos circuitos. En el mayor, se desplaza desde el corazón hacia el cuerpo y regresa al corazón. En el menor, sale del corazón, va a los pulmones y vuelve al corazón.

JUEGA Y APRENDE ¿VERDADERO O FALSO?

El recorrido de la sangre en el circuito menor es el siguiente: corazón, pulmones, corazón. **V F**

El corazón sirve para impulsar la sangre al resto del cuerpo.. **V F**

Las plaquetas defienden al cuerpo de los agentes extraños. **V F**

Por las venas circula sangre oxigenada. **V F**

Los circuitos de la circulación

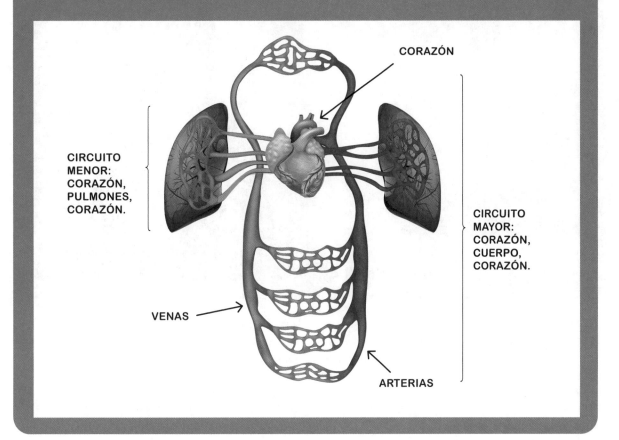

CORAZÓN

CIRCUITO MENOR: CORAZÓN, PULMONES, CORAZÓN.

CIRCUITO MAYOR: CORAZÓN, CUERPO, CORAZÓN.

VENAS

ARTERIAS

DATOS CURIOSOS

Mi corazón late por ti

El ritmo cardíaco es la cantidad de veces que late el corazón por minuto: entre 60 y 100 veces es lo normal. Algunas emociones, como el amor o el miedo, aceleran ese ritmo y provocan también el enrojecimiento de las mejillas.

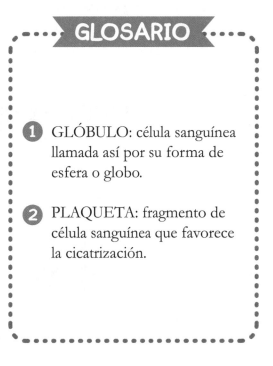

GLOSARIO

1 GLÓBULO: célula sanguínea llamada así por su forma de esfera o globo.

2 PLAQUETA: fragmento de célula sanguínea que favorece la cicatrización.

EL SISTEMA RESPIRATORIO

El oxígeno

El sistema respiratorio nos permite incorporar el oxígeno que es un gas del aire que necesitan nuestras células para obtener energía y eliminar dióxido de carbono[1].

Las vías respiratorias

El aire ingresa por la nariz, pasa por las fosas nasales[2] y, a través de varios órganos en forma de tubo, llega a los bronquios, que son dos conductos más angostos. Estos órganos son las vías respiratorias.

Los pulmones

Los pulmones son dos órganos con ramificaciones estrechas que se llaman «bronquiolos» y «alvéolos», que son cavidades huecas pequeñísimas. Los alvéolos se llenan de aire para pasar el oxígeno a la sangre y eliminar el dióxido de carbono.

La respiración

Cuando incorporamos el aire, el tórax se ensancha. Este movimiento se llama «inspiración». En cambio, cuando el aire sale, el tórax se comprime y se produce la «exhalación» o espiración.

JUEGA Y APRENDE ¿VERDADERO O FALSO?

Los bronquios están en la nariz.

El sistema respiratorio está compuesto por las vías respiratorias y los pulmones.

La inspiración consiste en sacar el aire de los pulmones.

En la respiración obtenemos oxígeno que se convierte en energía.

V   F   V   F   V   F   V   F

Órganos del sistema respiratorio

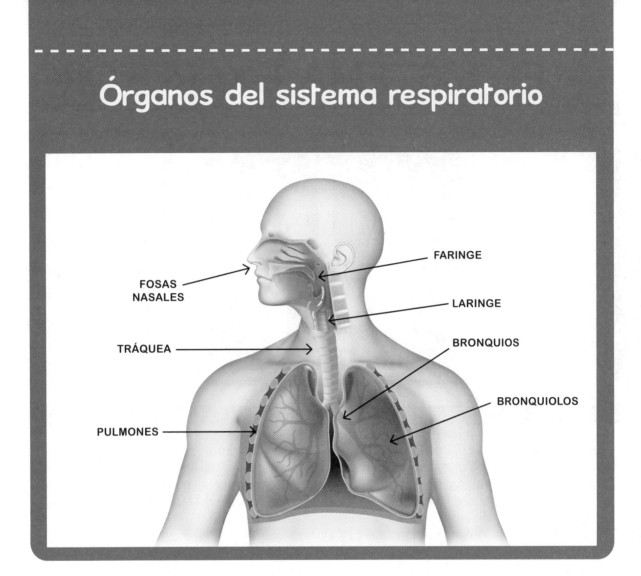

FOSAS NASALES

FARINGE

LARINGE

TRÁQUEA

BRONQUIOS

BRONQUIOLOS

PULMONES

DATOS CURIOSOS

"Cuerdas" vocales

Se encuentran en la laringe, pero no tienen forma de cuerdas. Se trata de pliegues del tejido interno. El aire que exhalamos los hace vibrar y así se produce el sonido de la voz. En la actualidad se llaman «repliegues vocales».

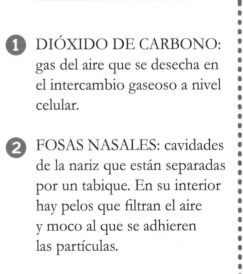

GLOSARIO

1 DIÓXIDO DE CARBONO: gas del aire que se desecha en el intercambio gaseoso a nivel celular.

2 FOSAS NASALES: cavidades de la nariz que están separadas por un tabique. En su interior hay pelos que filtran el aire y moco al que se adhieren las partículas.

Los desechos de las células

Además del dióxido de carbono que se descarta en la respiración, nuestras células producen otros desechos: los excesos de agua y las sales minerales. El sistema excretor[1] cumple con esta función.

El sudor

Parte del exceso de agua y de sales minerales son conducidos por la sangre hacia la piel, donde las glándulas sudoríparas[2] los eliminan en forma del sudor de la transpiración.

La función renal

Por las arterias renales[3], la sangre transporta el resto de los desechos minerales del cuerpo y la mayor parte del exceso de agua hacia el aparato urinario.

Los riñones

Son dos órganos del aparato urinario que filtran la sangre y convierten en orina el exceso de sales minerales y agua. Este líquido pasa por dos conductos y se almacena en la vejiga. Es despedido por la uretra, un tubo que desemboca en el exterior, cuando hacemos pis.

JUEGA Y APRENDE ¿VERDADERO O FALSO?

Los riñones se encuentran en el tórax.

V F

La transpiración consiste en eliminar sudor.

V F

La orina es despedida por la uretra.

V F

El sistema excretor sirve para eliminar solamente el exceso de agua.

V F

Órganos de la función renal

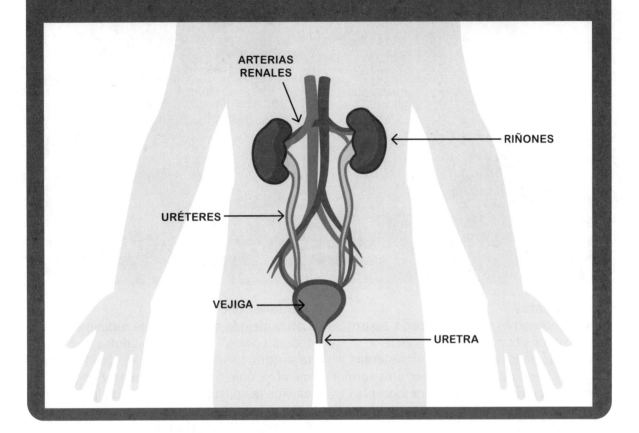

ARTERIAS RENALES

RIÑONES

URÉTERES

VEJIGA

URETRA

» » » **DATOS CURIOSOS**

Números del sistema

Los riñones filtran la sangre más de 400 veces cada día. La cantidad de orina que sale del cuerpo, en promedio, es de 1 litro y medio. Los días de verano sudamos más, pero hacemos menos pis porque el cuerpo necesita estar más hidratado.

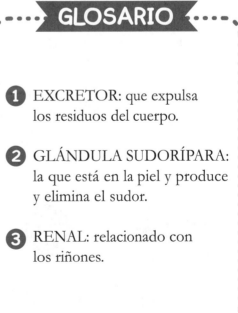

GLOSARIO

1 EXCRETOR: que expulsa los residuos del cuerpo.

2 GLÁNDULA SUDORÍPARA: la que está en la piel y produce y elimina el sudor.

3 RENAL: relacionado con los riñones.

LA NUTRICIÓN

Los nutrientes

Para mantenernos vivos y crecer, nuestro cuerpo necesita nutrientes, es decir, sustancias de los alimentos. Los sistemas digestivo, respiratorio, circulatorio y excretor funcionan como un equipo para lograr la nutrición del organismo.

Obtener energía

Los alimentos aportan diferentes nutrientes. Por ejemplo, los hidratos de carbono se obtienen de los cereales y nos dan energía. Los lípidos se encuentran en la carne y forman reservas energéticas.

Mantener el organismo

Las proteínas de los lácteos regeneran biomateriales[1], como los glóbulos rojos de la sangre. Las sales minerales aportan, por ejemplo, calcio para los huesos. El agua elimina las sustancias tóxicas de las células.

Prevenir enfermedades

Las vitaminas se encuentran en alimentos como el pescado, los huevos o las frutas. El cuerpo las necesita para prevenir enfermedades.

JUEGA Y APRENDE ¿VERDADERO O FALSO?

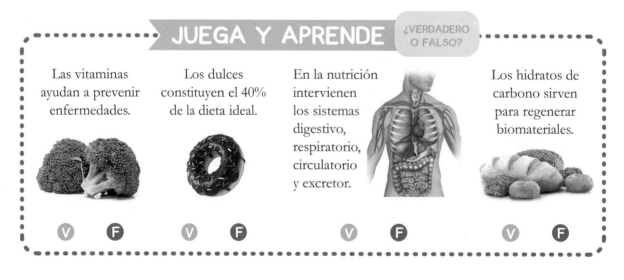

Las vitaminas ayudan a prevenir enfermedades.

V F

Los dulces constituyen el 40% de la dieta ideal.

V F

En la nutrición intervienen los sistemas digestivo, respiratorio, circulatorio y excretor.

V F

Los hidratos de carbono sirven para regenerar biomateriales.

V F

Una dieta balanceada en nutrientes

5% DULCES Y ACEITES

20% LECHE, QUESOS, CARNES, PESCADOS Y HUEVOS

40% PANES, CEREALES Y PASTAS

35% VEGETALES Y FRUTAS

DATOS CURIOSOS

Comida chatarra

Aunque es riquísima, se la llama así porque es una dieta[2] que no contribuye con nutrientes esenciales, sino grasas, azúcares y exceso de sal.
Para eliminar estos aportes de una típica comida chatarra (hamburguesa, papas fritas y gaseosa) tenemos que correr ¡una maratón!

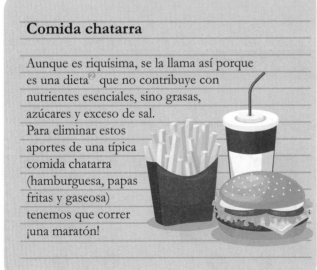

GLOSARIO

1. BIOMATERIAL: sustancia de origen natural o artificial para aumentar o reemplazar algún tejido.

2. DIETA: todo lo que una persona bebe y come.

EL SISTEMA NERVIOSO

Los órganos

El sistema nervioso procesa los estímulos que nos llegan del exterior y transmite las órdenes para responder a ellos. Está formado por el cerebro, el cerebelo y el bulbo raquídeo[1], protegidos dentro del cráneo, y la médula espinal, que se halla en el interior de la columna vertebral.

El cerebro

Es el órgano más complejo del cuerpo. Tiene múltiples funciones, como coordinar los movimientos, procesar la información proveniente de los sentidos, razonar y resolver problemas.

El cerebelo y el bulbo

El cerebelo coordina los movimientos voluntarios de los músculos y mantiene en equilibrio al cuerpo. El bulbo raquídeo, en cambio, controla los movimientos involuntarios, como los latidos del corazón.

La médula espinal

Está formada por un eje central y ramificaciones compuestas por millones de neuronas[2] que controlan los reflejos.

JUEGA Y APRENDE ¿VERDADERO O FALSO?

La médula está protegida por los huesos del cráneo.
V F

El cerebelo controla los movimientos involuntarios.
V F

El cerebro tiene la capacidad de razonar.
V F

A través de la médula espinal los estímulos llegan al cerebro.
V F

Órganos del sistema nervioso

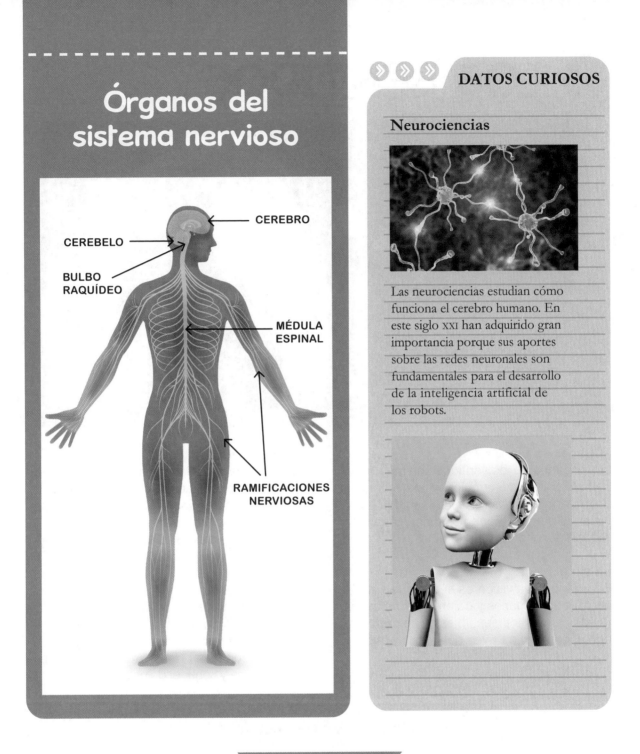

CEREBRO

CEREBELO

BULBO RAQUÍDEO

MÉDULA ESPINAL

RAMIFICACIONES NERVIOSAS

DATOS CURIOSOS

Neurociencias

Las neurociencias estudian cómo funciona el cerebro humano. En este siglo XXI han adquirido gran importancia porque sus aportes sobre las redes neuronales son fundamentales para el desarrollo de la inteligencia artificial de los robots.

GLOSARIO

1. **RAQUÍDEO:** relacionado con la raquis, es decir, la columna vertebral.

2. **NEURONA:** célula básica del sistema nervioso especializada en captar impulsos nerviosos.

LOS SENTIDOS

¿Cuál es su función?

Los órganos de los sentidos son muy complejos porque convierten los estímulos del mundo que nos rodea en señales que viajan al cerebro. Tenemos cinco sentidos: vista, oído, olfato, gusto y tacto.

La vista

El órgano de la visión es el ojo, que percibe las formas, tamaños y colores de las cosas. Posee células fotosensibles[1] y se conecta con el cerebro a través del nervio óptico.

El olfato y el gusto

Los olores se perciben con la nariz, pero este órgano está conectado con la boca, donde la lengua detecta los sabores del gusto con unas células especiales: las papilas gustativas.
El sabor de los alimentos es, en realidad, una mezcla de aroma y sabor.

El oído y el tacto

En los oídos ingresan ondas sonoras que hacen vibrar el tímpano[2] y unos pequeños huesitos. El órgano del tacto es la piel y nos permite reconocer formas, texturas, diferentes temperaturas y sentir el dolor.

JUEGA Y APRENDE ¿VERDADERO O FALSO?

Los sentidos envían señales al cerebro.

A través de la piel se perciben los aromas.

El tímpano es una membrana del ojo.

El olfato y el gusto están conectados.

V F   V F   V F   V F

El oído

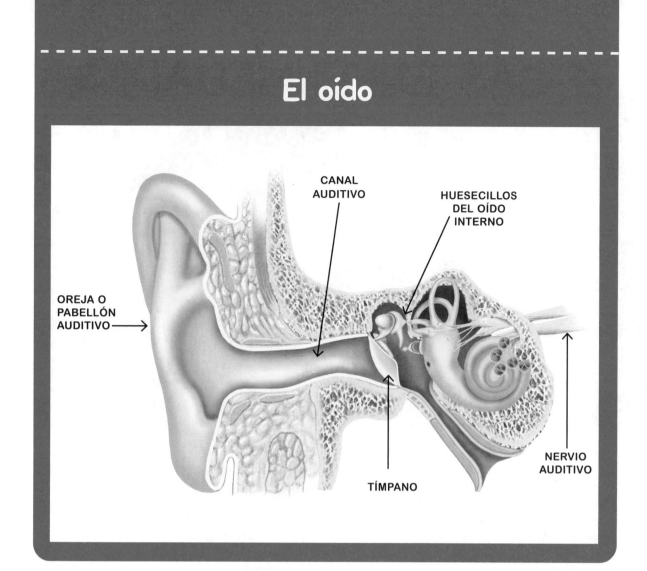

CANAL
AUDITIVO

HUESECILLOS
DEL OÍDO
INTERNO

OREJA O
PABELLÓN
AUDITIVO →

NERVIO
AUDITIVO

TÍMPANO

DATOS CURIOSOS

Competencia olfativa

En la nariz humana hay unos cinco millones de células olfativas. Los perros, en cambio, tienen más de doscientos millones, y el área del olfato en su cerebro es mucho más amplia que la de los humanos. ¡Imposible competir con ellos!

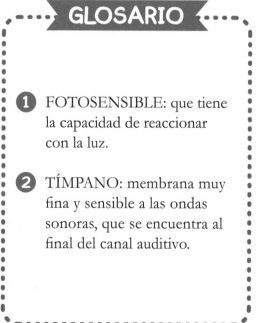

⟩ GLOSARIO ⟨

1 FOTOSENSIBLE: que tiene la capacidad de reaccionar con la luz.

2 TÍMPANO: membrana muy fina y sensible a las ondas sonoras, que se encuentra al final del canal auditivo.

LAS ENFERMEDADES

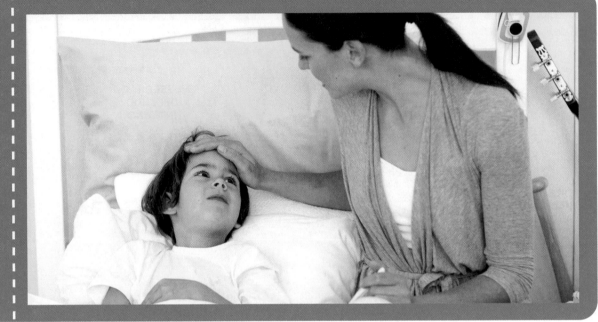

Salud y enfermedad

Cuando todo funciona bien en nuestro organismo, decimos que estamos sanos, tenemos salud. A veces, sufrimos la alteración de alguna de las funciones y se presenta una enfermedad.

Las heridas

Son lesiones que afectan a la piel. Debemos lavar la herida con jabón o con un líquido antiséptico[1] y cubrirla con una bandita o gasa para evitar el ingreso de gérmenes[2].

Los chichones

Por un golpe sobre un hueso, pueden romperse algunas venas superficiales. Entonces, la sangre se acumula allí y se forma un chichón, un bulto. Para que no se extienda, lo mejor es aplicar frío.

El resfrío

Es la enfermedad más común de todas y se contagia cuando tocamos una superficie con los gérmenes del resfrío o los inhalamos al respirar. Puede provocar dolor de garganta, nariz tapada y tos.

JUEGA Y APRENDE ¿VERDADERO O FALSO?

La enfermedad es la alteración de alguna de las funciones del organismo.

V F

Los chichones pueden provocar dolor de garganta.

V F

Lavar las heridas previene las infecciones.

V F

Es conveniente aplicar frío sobre los chichones.

V F

El dengue

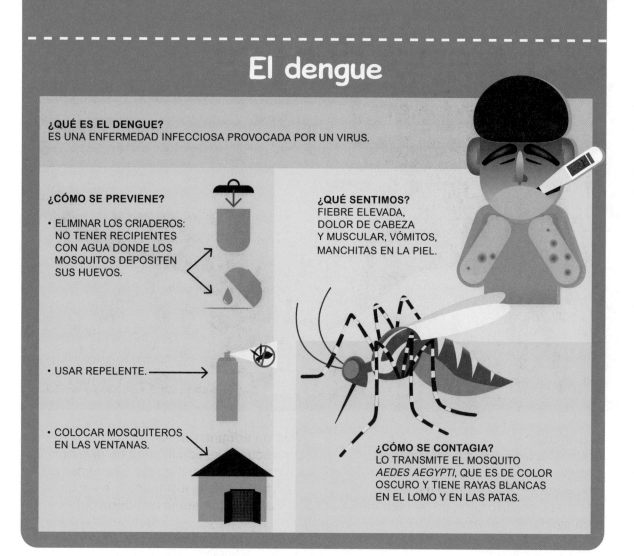

¿QUÉ ES EL DENGUE?
ES UNA ENFERMEDAD INFECCIOSA PROVOCADA POR UN VIRUS.

¿CÓMO SE PREVIENE?

- ELIMINAR LOS CRIADEROS: NO TENER RECIPIENTES CON AGUA DONDE LOS MOSQUITOS DEPOSITEN SUS HUEVOS.

- USAR REPELENTE.

- COLOCAR MOSQUITEROS EN LAS VENTANAS.

¿QUÉ SENTIMOS?
FIEBRE ELEVADA, DOLOR DE CABEZA Y MUSCULAR, VÓMITOS, MANCHITAS EN LA PIEL.

¿CÓMO SE CONTAGIA?
LO TRANSMITE EL MOSQUITO *AEDES AEGYPTI*, QUE ES DE COLOR OSCURO Y TIENE RAYAS BLANCAS EN EL LOMO Y EN LAS PATAS.

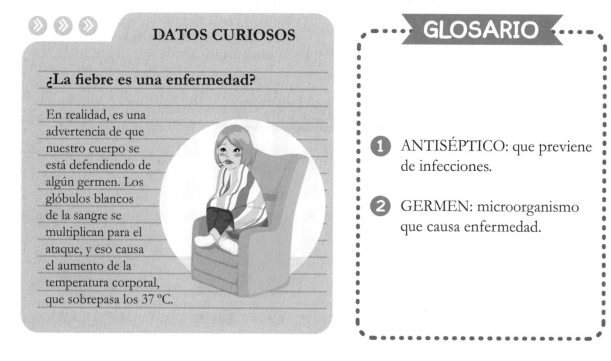

DATOS CURIOSOS

¿La fiebre es una enfermedad?

En realidad, es una advertencia de que nuestro cuerpo se está defendiendo de algún germen. Los glóbulos blancos de la sangre se multiplican para el ataque, y eso causa el aumento de la temperatura corporal, que sobrepasa los 37 °C.

GLOSARIO

1. ANTISÉPTICO: que previene de infecciones.

2. GERMEN: microorganismo que causa enfermedad.

LAS VACUNAS

El principio

Al ser infectado por una enfermedad, nuestro cuerpo reacciona generando anticuerpos❶. Basándose en esto, los científicos desarrollaron un recurso eficaz para ayudarlo: las vacunas.

¿Cómo funciona?

La vacuna sirve para inmunizarnos❷ de una enfermedad. Funciona introduciendo en nuestro cuerpo el virus o la bacteria debilitados para que el organismo genere los anticuerpos necesarios para combatirlos.

Vías de administración

Las vacunas se administran de diversos modos. Algunas son orales y se toman por la boca; otras son inyectables, es decir, se aplican con una aguja hipodérmica❸.

Calendario de vacunación

Cada país tiene un calendario de vacunación para los niños. Es importante cumplirlo porque es el mejor modo de estar protegido contra enfermedades muy graves, como la poliomielitis, el tétanos, el sarampión, la difteria y la hepatitis.

JUEGA Y APRENDE — ¿VERDADERO O FALSO?

La vacuna desarrolla la enfermedad en el ser humano. **V F**

Las vacunas orales son inyectables. **V F**

Las vacunas nos protegen de enfermedades provocadas por virus y bacterias. **V F**

Las vacunas no producen la inmunidad contra las enfermedades. **V F**

Vacunas paso a paso
Órganos de la función renal

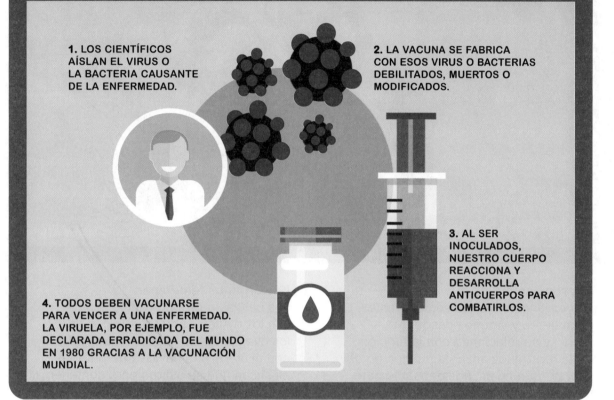

1. LOS CIENTÍFICOS AÍSLAN EL VIRUS O LA BACTERIA CAUSANTE DE LA ENFERMEDAD.

2. LA VACUNA SE FABRICA CON ESOS VIRUS O BACTERIAS DEBILITADOS, MUERTOS O MODIFICADOS.

3. AL SER INOCULADOS, NUESTRO CUERPO REACCIONA Y DESARROLLA ANTICUERPOS PARA COMBATIRLOS.

4. TODOS DEBEN VACUNARSE PARA VENCER A UNA ENFERMEDAD. LA VIRUELA, POR EJEMPLO, FUE DECLARADA ERRADICADA DEL MUNDO EN 1980 GRACIAS A LA VACUNACIÓN MUNDIAL.

DATOS CURIOSOS

¿«Vacuna» viene de «vaca»?

La primera vacuna fue contra la viruela y consistió en inocular esta enfermedad de las vacas en los humanos porque se comprobó que los granjeros que la contraían estaban inmunizados contra la versión humana. Este es el origen de la palabra «vacuna».

GLOSARIO

1. ANTICUERPO: proteína que produce el cuerpo como reacción frente al ataque de virus y bacterias.

2. INMUNIDAD: resistencia a la acción de microorganismos causantes de enfermedades.

3. HIPODÉRMICO: que traspasa la piel.

EL SISTEMA REPRODUCTOR

Diferencias

Los órganos sexuales son diferentes en mujeres y varones desde que nacen y se relacionan con la función de la reproducción. Esta función no es vital porque no es indispensable para mantenerse con vida.

Los órganos masculinos

Las células reproductivas masculinas son los espermatozoides y se producen en los testículos, dos glándulas que se encuentran en el escroto[1]. El pene es el órgano por el que los espermatozoides pueden salir.

Los órganos femeninos

Las células reproductivas femeninas son los óvulos y son producidas en los ovarios. Estos están comunicados con el útero, una cavidad de paredes elásticas que se estiran para contener al bebé durante el embarazo.

La fecundación

Un espermatozoide puede unirse a un óvulo y se produce la fecundación, es decir, se forma una cigota[2].

JUEGA Y APRENDE ¿VERDADERO O FALSO?

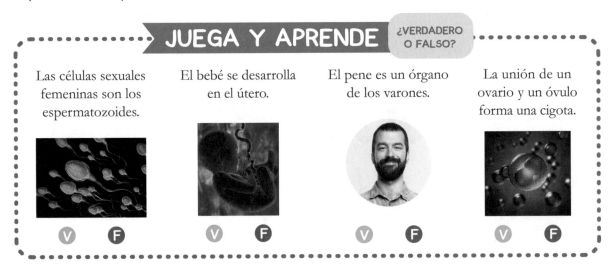

Las células sexuales femeninas son los espermatozoides.

V F

El bebé se desarrolla en el útero.

V F

El pene es un órgano de los varones.

V F

La unión de un ovario y un óvulo forma una cigota.

V F

Órganos sexuales femeninos

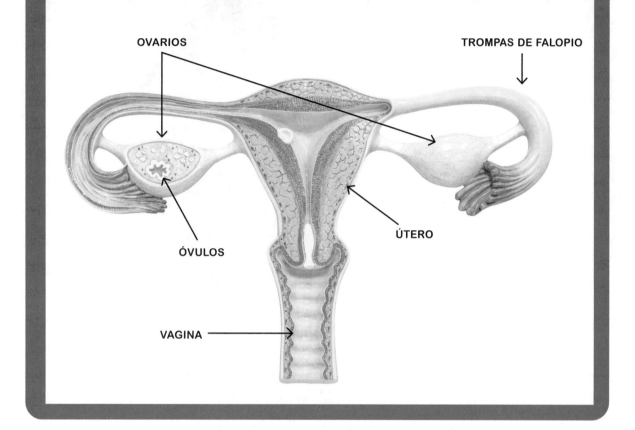

OVARIOS

TROMPAS DE FALOPIO

ÓVULOS

ÚTERO

VAGINA

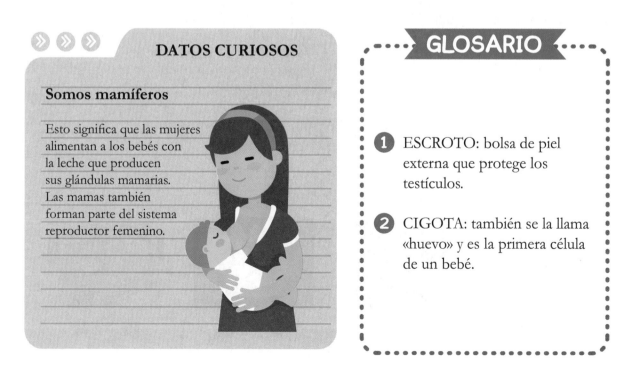

DATOS CURIOSOS

Somos mamíferos

Esto significa que las mujeres alimentan a los bebés con la leche que producen sus glándulas mamarias. Las mamas también forman parte del sistema reproductor femenino.

GLOSARIO

1 ESCROTO: bolsa de piel externa que protege los testículos.

2 CIGOTA: también se la llama «huevo» y es la primera célula de un bebé.

EL EMBARAZO

Duración
Luego de ocurrida la gestación①, transcurre un período de nueve meses durante los cuales se desarrolla el embrión②. Este período se llama «embarazo».

Conexión con la mamá
El bebé crece dentro del útero, que se va ensanchando, y está conectado a su mamá por el cordón umbilical, por el que recibe oxígeno y alimento.

El desarrollo
Durante el primer trimestre③ se forman todos los órganos y se diferencian en la cabeza: la nariz, la boca, las orejas y los ojos. En el segundo trimestre se endurece el esqueleto. En los últimos tres meses, aumenta su peso y tamaño.

El nacimiento
El bebé se ubica cabeza abajo, y el útero se contrae para empujarlo hacia afuera. Al nacer comienza a respirar, y el médico corta el cordón umbilical y lo anuda: así se forma el ombligo.

JUEGA Y APRENDE ¿VERDADERO O FALSO?

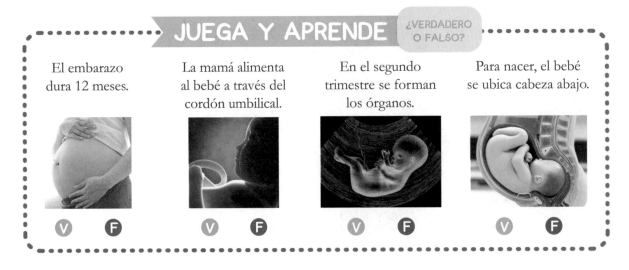

El embarazo dura 12 meses.

La mamá alimenta al bebé a través del cordón umbilical.

En el segundo trimestre se forman los órganos.

Para nacer, el bebé se ubica cabeza abajo.

V F   V F   V F   V F

Desarrollo del bebé dentro del útero

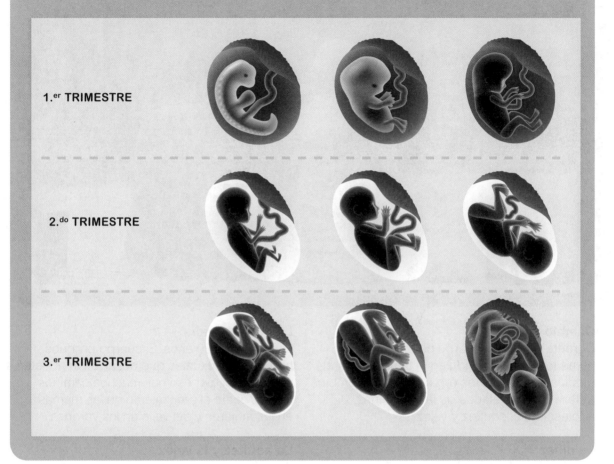

1.ᵉʳ TRIMESTRE

2.ᵈᵒ TRIMESTRE

3.ᵉʳ TRIMESTRE

DATOS CURIOSOS

Nacimiento por adelantado

Algunos bebés no completan los nueve meses de gestación dentro del útero de su mamá y nacen antes. Sus órganos están inmaduros y, por eso, se los protege en una máquina llamada «incubadora».

GLOSARIO

1. GESTACIÓN: tiempo que tarda en desarrollarse un ser vivo dentro del huevo o del útero.

2. EMBRIÓN: etapa inicial del desarrollo de un ser vivo dentro de un huevo o de un útero.

3. TRIMESTRE: período de tiempo de tres meses.

LAS ETAPAS DE LA VIDA

Cambios

Durante la vida, el cuerpo de los seres humanos va cambiando en el tamaño y en el funcionamiento de los órganos. Estos cambios determinan las etapas de la vida: niñez, adolescencia, adultez y vejez.

La niñez

Se extiende desde el nacimiento hasta los 10 años. Es una etapa de crecimiento corporal, desarrollo del sistema nervioso y endurecimiento de los huesos.

La adolescencia

Finaliza a los 20 años. El cuerpo produce hormonas[1] sexuales que desarrollan el sistema reproductor, por eso hay muchos cambios físicos, como el crecimiento de las mamas en las mujeres y del vello en los varones.

La adultez y la vejez

Durante la adultez, que se extiende hasta los 65 años, algunas personas deciden convertirse en padres. A partir de los 45 años, la capacidad reproductiva de las mujeres puede disminuir. En la vejez, las funciones de los sistemas orgánicos disminuyen, la piel se arruga y el cabello encanece[2].

JUEGA Y APRENDE ¿VERDADERO O FALSO?

La primera etapa de la vida es la niñez.

En la adolescencia madura el sistema reproductor.

En la vejez se fortalecen los sistemas orgánicos.

La vejez comienza a los 45 años.

V F   V F   V F   V F

Desarrollo durante la niñez

RECIÉN NACIDO

PESA ENTRE 2,5 Y 4 KG; LA CABEZA ES LA PARTE MÁS DESARROLLADA DE SU CUERPO. ANTES DE FINALIZAR SU PRIMER AÑO DE VIDA, SURGEN LOS DIENTES DE LECHE.

NIÑEZ

LOS DIENTES DE LECHE SERÁN REEMPLAZADOS POCO A POCO HASTA QUE, A LOS 12 AÑOS, SE COMPLETAN LOS DIENTES DEFINITIVOS.

EL CUERPO CRECE UNOS 6 CM DE ALTURA POR AÑO Y AUMENTA DE PESO.

SE ADQUIEREN HABILIDADES COMO HABLAR, LEER, COMPRENDER. SE DESARROLLAN LOS MÚSCULOS, LOS ÓRGANOS INTERNOS Y EL ESQUELETO.

DATOS CURIOSOS

¿Cuántos años viven las personas?

En promedio, los seres humanos vivimos entre 70 y 80 años, pero esto depende de la región del mundo, pues en algunos lugares desciende a 50 años y en otros, aumenta. La francesa Jeanne Calment tiene el récord absoluto: ¡122 años!

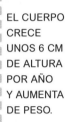

GLOSARIO

1. HORMONA: sustancia que producen algunas glándulas del cuerpo para regular el funcionamiento de los órganos.

2. ENCANECER: llenarse el cabello de canas, que son cabellos blancos por falta de pigmentación.

EL ESQUELETO

Completa el acróstico teniendo en cuenta las referencias.

Referencias

1. Huesos que protegen el cerebro, el cerebelo y el bulbo raquídeo.
2. Hueso largo del muslo.
3. Cada uno de los huesos anchos que protegen la médula espinal.
4. Médula ósea que produce las células de la sangre.
5. Clase de hueso chato.
6. Cada uno de los huesos que protegen los órganos del tórax.

SISTEMA MUY NERVIOSO

Señala con flechas los órganos del sistema nervioso y los de los sentidos.

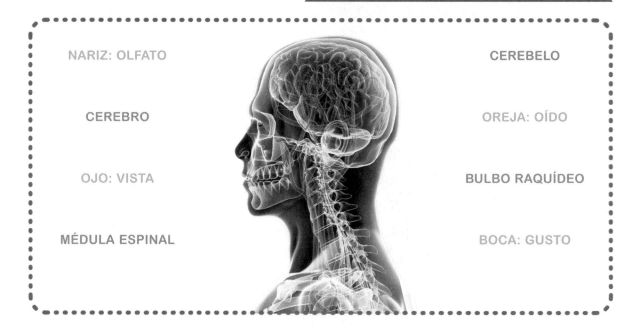

NARIZ: OLFATO

CEREBELO

CEREBRO

OREJA: OÍDO

OJO: VISTA

BULBO RAQUÍDEO

MÉDULA ESPINAL

BOCA: GUSTO

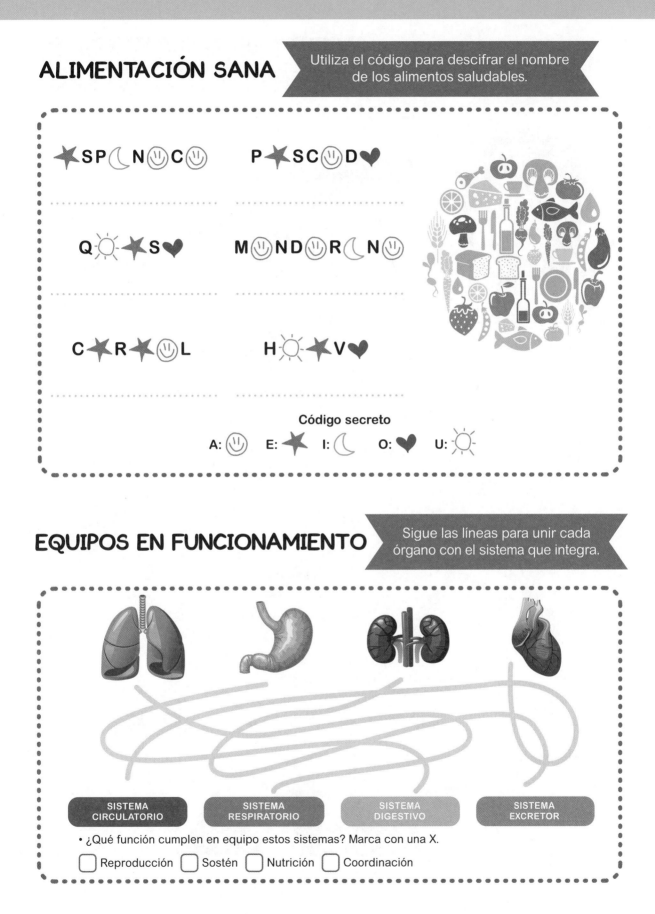

ALIMENTACIÓN SANA

Utiliza el código para descifrar el nombre de los alimentos saludables.

SP N C   P SC D

Q S   M ND R N

C R L   H V

Código secreto

A: E: I: O: U:

EQUIPOS EN FUNCIONAMIENTO

Sigue las líneas para unir cada órgano con el sistema que integra.

| SISTEMA CIRCULATORIO | SISTEMA RESPIRATORIO | SISTEMA DIGESTIVO | SISTEMA EXCRETOR |

• ¿Qué función cumplen en equipo estos sistemas? Marca con una X.

☐ Reproducción ☐ Sostén ☐ Nutrición ☐ Coordinación

LABERINTO DIGESTIVO

¿Cuál es el camino que sigue el alimento en el tubo digestivo?

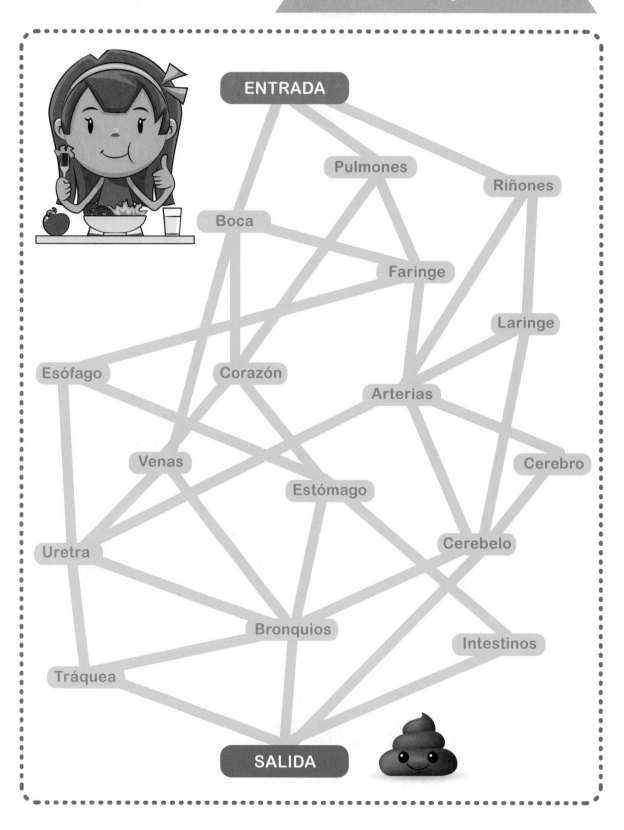

» Soluciones

JUEGA Y APRENDE

EL ESQUELETO

1. C R Á N E O
2. F É M U R
3. V É R T E B R A
4. R O J A
5. P L A N O
6. C O S T I L L A

EQUIPOS EN FUNCIONAMIENTO

SISTEMA CIRCULATORIO · SISTEMA RESPIRATORIO · SISTEMA DIGESTIVO · SISTEMA EXCRETOR

☐ Reproducción ☐ Sostén ☒ Nutrición ☐ Coordinación

SISTEMA MUY NERVIOSO

NARIZ: OLFATO
CEREBRO
OJO: VISTA
MÉDULA ESPINAL
CEREBELO
OREJA: OÍDO
BULBO RAQUÍDEO
BOCA: GUSTO

ALIMENTACIÓN SANA

ESPINACA - PESCADO
QUESO - MANDARINA
CEREAL - HUEVO

LABERINTO DIGESTIVO

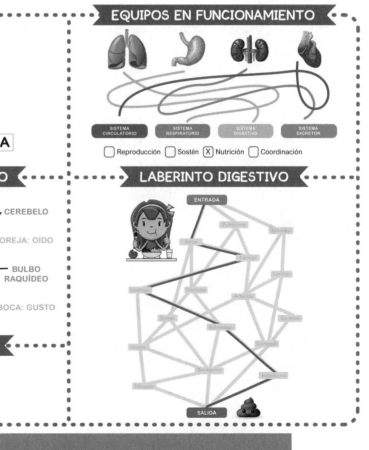

ENTRADA
SALIDA

DEPORTES

Todo sobre la historia
de los deportes

ARTES MARCIALES

¿Qué son las artes marciales?

Son sistemas organizados de técnicas que se practicaban en la Antigüedad, en Oriente, para defenderse o atacar. En la actualidad, se extendieron a todo el mundo y se aprenden, además, para mantener la salud o desarrollarse físicamente.

Buena conducta

En las artes marciales también se practica un código[1] de conducta. Consideran que la persona se perfecciona para estar al servicio de la humanidad. Dos de sus reglas son la lealtad a padres y maestros, y la confianza en compañeros y amigos.

Con o sin armas

Es posible clasificar las artes marciales teniendo en cuenta el uso exclusivo del cuerpo o el empleo de armas. El karate, el *jiu-jitsu* y el judo no emplean armas, por ejemplo. En cambio, el kendo utiliza sables[2] de bambú y el *kobudo, nunchakus*[3].

La enseñanza

Se realiza sobre un sector de colchonetas llamado «tatami». La enseñanza se organiza en rutinas de ejercicios en serie[4] —de patadas, golpes de mano y puño, bloqueos, caídas, giros, tomas— y peleas de práctica con compañeros.

GLOSARIO

1 CÓDIGO: conjunto de reglas.

2 SABLE: arma blanca semejante a la espada.

3 *NUNCHAKU*: arma compuesta por dos varas cortas unidas con cadena o cuerda.

4 SERIE: objetos relacionados que se continúan uno tras otro.

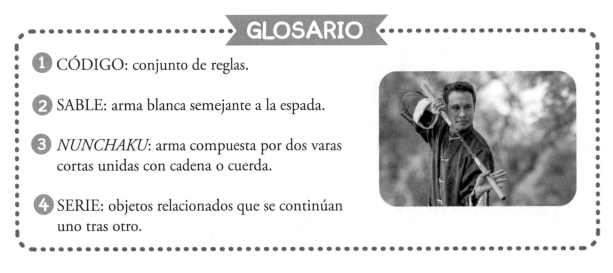

El uniforme de las artes marciales

El color del cinturón indica el nivel de aprendizaje. Los que se inician usan el blanco; el negro señala el grado más alto.

La práctica se realiza con los pies descalzos.

El uniforme se compone de una chaqueta cruzada y un pantalón holgado. El color, en general, es blanco.

Los *ninjas*

Eran antiguos guerreros japoneses que peleaban por quien los contratara, ya que no seguían un código de conducta.

La palabra *ninja* significa «arte de escabullirse», por su habilidad para espiar y escaparse. Practicaban las artes marciales y su arma favorita era el *shuriken*, una estrella de varios filos. La serie manga japonesa *Naruto* los hizo muy populares.

JUEGA Y APRENDE ¿VERDADERO O FALSO?

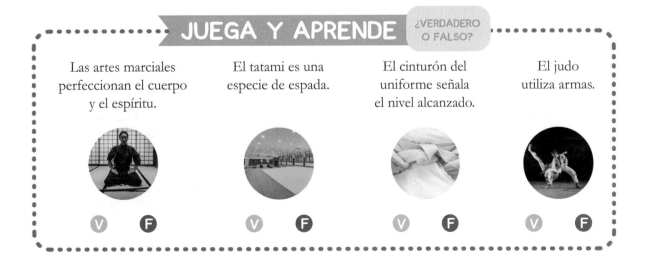

Las artes marciales perfeccionan el cuerpo y el espíritu.

V F

El tatami es una especie de espada.

V F

El cinturón del uniforme señala el nivel alcanzado.

V F

El judo utiliza armas.

V F

ATLETISMO

Variedad de pruebas
El atletismo incluye pruebas muy diferentes que comparten el objetivo de tratar de superar el rendimiento físico[1] de los adversarios.

Carreras a pie
Las de velocidad tienen distancias cortas entre 100 y 400 m. Las de medio fondo se extienden entre 400 y 3.000 m. Las carreras largas, de resistencia o de fondo, superan los 3.000 m. También hay carreras con vallas y en equipos, como las de relevo[2].

Saltos
Los más destacados son el salto en largo, el salto en alto, que emplea el impulso del cuerpo, y el salto con pértiga o garrocha (una barra flexible y larga para tomar impulso).

Lanzamientos
Desde un sector con forma ovalada o base, los atletas deben lanzar a la mayor distancia posible un objeto. Este puede ser un martillo —una bola de acero conectada a un cable del mismo metal—, una jabalina o un disco.

GLOSARIO

1. RENDIMIENTO FÍSICO: conjunto de logros conseguidos por un deportista con su entrenamiento.

2. CARRERA DE RELEVO: cada miembro de un equipo recorre una parte de la pista y luego es suplantado por otro que continúa la carrera.

3. JUEGOS OLÍMPICOS: competencia que se realiza cada cuatro años y en la que participan atletas de todos los países. En la antigüedad se llevaban a cabo en Grecia.

Diversas pruebas de atletismo

con obstáculos

de velocidad

de resistencia

de postas

Carreras a pie

ATLETISMO

en largo

de disco

Saltos

Lanzamientos

en alto

de jabalina

con garrocha

de martillo

La maratón

El origen de esta carrera de 42 km se relaciona con la batalla de Maratón, entre persas y griegos (año 490 a. C.). Existen relatos diferentes; el más popular afirma que el soldado griego Filípides corrió esa distancia hasta la ciudad de Atenas para comunicar la victoria de los suyos y que, luego de hacerlo, cayó muerto.

En honor al mito griego se incluyó la maratón como disciplina olímpica en la primera versión de los Juegos Olímpicos modernos, en Atenas en 1896.

JUEGA Y APRENDE ¿VERDADERO O FALSO?

Las carreras de 100 m ponen a prueba la resistencia de los participantes.

V F

La maratón es una carrera larga.

V F

La pértiga se usa para tomar impulso en el salto.

V F

El martillo tiene mango de madera y cabeza plana de metal.

V F

AUTOMOVILISMO

La historia

Las primeras carreras surgieron en Francia, hacia fines del siglo XIX. Se corrían en caminos rurales[1] para llegar a la ciudad de París. Más tarde, creció la cantidad de competidores y, por seguridad, se construyeron las primeras pistas en circuitos[2] cerrados.

Las carreras

Se organizan en categorías en las que compiten autos del mismo tipo. Estos automóviles están preparados especialmente para desarrollar grandes velocidades con carrocerías[3] que brinden seguridad a los pilotos.

Los circuitos cerrados

Los autos, conducidos por un solo piloto, deben completar una cantidad de vueltas a la pista en el menor tiempo posible. Algunas categorías son la Fórmula 1, el turismo carretera —con autos de marcas clásicas o tradicionales— y los *kartings*.

A campo traviesa

El *rally* es una carrera en la que piloto y copiloto deben recorrer diferentes tramos o etapas por caminos públicos. Estos se cierran al tránsito para que pasen los competidores. Los autos no salen juntos en la largada, sino que lo hacen de a uno.

GLOSARIO

1 RURAL: del campo.

2 CIRCUITO: recorrido preparado para carreras.

3 CARROCERÍA: parte del vehículo que protege al conductor y los pasajeros.

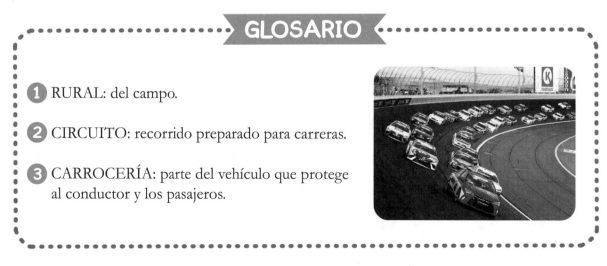

Autos de Fórmula 1

Alerones y ruedas anchas: logran mayor estabilidad.

Monoplaza: son para un solo piloto.

Diseño aerodinámico y baja altura (1 m): reducen la resistencia del aire.

Velocidad: alcanzan los 370 km/h.

La bandera a cuadros

Esta bandera señala el final de la competencia. Hay muchas historias sobre su origen. Una de ellas dice que proviene de las carreras de caballos que se realizaban en el Lejano Oeste en Estados Unidos, y finalizaban con un banquete. Así, cuando la comida estaba lista, agitaban un mantel a cuadros para que se detuvieran las actividades.

JUEGA Y APRENDE ¿VERDADERO O FALSO?

Los autos del *rally* son monoplaza.

En el turismo carretera compiten los *kartings*.

Los alerones le dan estabilidad al vehículo.

La Fórmula 1 se corre en circuitos cerrados.

V F   V F   V F   V F

BÁSQUET

Los equipos

En este deporte —también llamado «baloncesto»— se enfrentan dos equipos de cinco jugadores. Obtienen los puntos por convertir canastas, es decir, ingresar la pelota en la canasta que cuelga en el campo del rival a una altura de 3 m.

Las canastas

No tienen siempre el mismo valor. Por ejemplo, la canasta obtenida lanzando desde detrás de la línea de 3 puntos, a una distancia de 6,75 m de la vertical del aro, vale 3 puntos.

Duración del partido

El básquet se juega en cuatro tiempos, llamados «cuartos», de 10 o 12 minutos. Sin embargo, cuando el árbitro toca el silbato por una falta o la salida de la pelota, el cronómetro❶ se detiene.

El juego

El jugador debe moverse haciendo picar la pelota con las manos contra el suelo para hacer un pase a un compañero o acercarse a la canasta del rival. Los defensores intentan robarle la pelota, pero no pueden agarrarlo o golpearlo.

GLOSARIO

❶ CRONÓMETRO: reloj que mide fracciones de tiempo muy pequeñas.

❷ SIGLA: abreviación formada por las letras iniciales de una serie de palabras o expresión compleja.

❸ PARQUÉ: piso de maderas finas que forman dibujos geométricos.

Las estrellas de la NBA

NBA es la sigla[2] de *National Basketball Association* (en español: «Asociación Nacional de Básquet»). Es mundialmente famosa y en ella participan equipos profesionales de Estados Unidos y Canadá.

Michael Jordan (1963) tiene el mayor promedio de anotaciones por partido en la historia de la NBA y ganó diez títulos como máximo anotador. Muchos lo consideran el mejor jugador de todos los tiempos.

Wilt Chamberlain (1936-1999) participó de los *Globetrotters*, un show de básquet basado en pruebas de habilidad. En la NBA, fue el único que anotó 100 puntos en un solo partido. Ganó siete veces el título de máximo anotador.

Magic Johnson (1959) ganó cinco veces el título de la NBA con su equipo los *Lakers*. Formó parte del *Dream Team* («Equipo de los sueños») que obtuvo la medalla de oro en los Juegos Olímpicos de 1992.

Rebota, rebota la pelota

La pelota de básquet pesa unos 600 g. La superficie tiene 9.366 puntos que sobresalen para que no se resbale de las manos sudadas de los jugadores. El color naranja mejora su visibilidad en la cancha, que es un rectángulo cubierto con piso de parqué[3].

JUEGA Y APRENDE ¿VERDADERO O FALSO?

Las canastas convertidas tienen diferentes valores.

V F

La pelota es de color naranja porque se ve mejor.

V F

Cada equipo tiene ocho jugadores.

V F

Se puede correr sin picar la pelota.

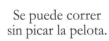

V F

BOXEO

¿Cómo es el boxeo?

Es un deporte de contacto[1] en el que dos adversarios luchan usando sus puños. El combate se divide en 12 asaltos —o *rounds*, «rondas»— que tienen una duración de 3 minutos cada uno. Un árbitro vigila que se cumplan las reglas.

Reglamento necesario

El boxeador inglés Jack Broughton —y, más tarde, el marqués de Queensberry—, redactaron reglamentos para proteger a los pugilistas[2], como el uso de guantes acolchados o la cuenta de 10 segundos cuando un boxeador ha caído.

El *knockout*

Es un golpe que deja fuera de combate a un boxeador. Pero si los dos pugilistas llegan al final de los asaltos, los jueces deciden el ganador anotando los puntos al final de cada *round*, calificando la eficacia de los golpes, la calidad de la pelea, entre otros aspectos.

Las categorías

Se establecen de acuerdo con el peso del boxeador. Algunas son mosca (50,8 kg), pluma (57,2 kg), mediano (72,6 kg) y pesado (90,72 kg). Estos pesos sufren modificaciones para las mujeres que, en la actualidad, también compiten.

GLOSARIO

1. DEPORTE DE CONTACTO: aquel en el que los adversarios se tocan.

2. PUGILISTA: luchador, boxeador.

El cuadrilátero

Esquinas
Cada boxeador tiene una esquina asignada. Allí se ubica un banquito para que descanse durante un minuto al finalizar cada asalto. Las esquinas sobrantes son neutrales.

Escaleras
Permiten acceder al cuadrilátero.

Lona
Es un material textil bien estirado que facilita el desplazamiento de los boxeadores.

Cuerdas
Limitan el espacio de la pelea e impiden que los boxeadores caigan del *ring*.

Cuadrilátero
Es una plataforma cuadrada y elevada para que se pueda observar el combate. También se llama *ring*, «anillo» en inglés, porque las primeras eran circulares.

Frases boxísticas

«Estar en la lona» es una frase que significa estar en mala situación, económica o moralmente. Surge de los boxeadores que al sufrir un *knockout* quedan tendidos en lona del *ring*.
La frase «tirar la toalla», que es darse por vencido, nació de la situación en la que el equipo de un boxeador la arroja para indicar que no puede continuar peleando.

JUEGA Y APRENDE ¿VERDADERO O FALSO?

Los boxeadores pueden atacar con patadas.
V F

Las categorías se establecen por el peso del boxeador.
V F

El marqués de Queensberry quería proteger a los pugilistas.
V F

El boxeador que sufre un *knockout* gana la pelea.
V F

CICLISMO

El comienzo

Hacia 1880 se organizaron las primeras carreras de bicicletas. El ciclismo de competición es, en la actualidad, una disciplina olímpica[1].

Ciclismo urbano

Si bien no es considerado un deporte, el uso de las bicicletas en las ciudades mejora la salud y cuida el medioambiente porque es un medio de transporte que no contamina. En muchas ciudades hay ciclovías, carriles especiales destinados exclusivamente a la circulación de bicicletas.

Circuitos profesionales

El ciclismo profesional se corre en pistas cerradas, en rutas de larga distancia o atravesando montañas y caminos rurales.

BMX

Esta variante del ciclismo es popular y consiste en hacer acrobacias en rampas, escaleras o plazas. Se usan las bicicrós, conocidas como BMX por su sigla en inglés (*bicycle motocross*), que son pequeñas y livianas.

GLOSARIO

1 DISCIPLINA OLÍMPICA: deporte incluido en los Juegos Olímpicos.

2 PULGADA: medida inglesa que equivale a 25,4 mm.

Carreras en pista

Se corren con bicicletas llamadas de pista o *sprint*.

Cuadro
Armazón fabricado, generalmente, con fibra de carbono, un material resistente y liviano.

Casco
Se usa como protección en todas las formas del ciclismo.

Ruedas tapadas
Aportan estabilidad.

Manubrio
Más bajo que el asiento.

Velódromo
Pista con forma ovalada que mide 250 m.

Rodado
La medida del diámetro de las ruedas se indica en pulgadas•; las de pista son rodado 28 (unos 70 cm, aproximadamente).

Freno a pedal
Funciona al accionar el pedal hacia atrás.

El «Caníbal»

Es el apodo del mejor ciclista de todos los tiempos: Eddy Merckx, conocido por su ambición de ganar campeonatos. En su mejor año logró triunfar en el Giro de Italia, el *Tour* de Francia, la Vuelta a España —las pruebas más importantes de ciclismo en ruta que se corren en etapas durante tres semanas— y el Campeonato Mundial de Ciclismo.

JUEGA Y APRENDE ¿VERDADERO O FALSO?

El ciclismo es un deporte olímpico.

V F

El ciclismo urbano es una disciplina deportiva.

V F

El velódromo es una ruta que atraviesa montañas.

V F

El uso de casco es necesario para practicar BMX.

V F

EQUITACIÓN

Pruebas olímpicas
La equitación es un deporte ecuestre[1] en el que un jinete debe mostrar su habilidad para montar un caballo. Tiene tres pruebas olímpicas: adiestramiento, salto y concurso completo.

El adiestramiento
Exige una profunda unión entre el jinete y el caballo porque este debe realizar todos los movimientos que le indique quien lo monta. Por ejemplo, andar al paso, trote o galope, caminar en círculos, en ochos o en serpentina[2].

El salto
Esta prueba se realiza en una pista. El caballo y el jinete deben cumplir un recorrido con saltos en altura sobre una valla[3] y saltos extendidos sobre varias vallas juntas.

El concurso completo
Este concurso consta de una demostración de tres días que combina adiestramiento, salto y *cross-country*. El *cross-country* es una carrera con obstáculos a través de un campo. Se ponen a prueba velocidad, resistencia y capacidad de salto del caballo.

GLOSARIO

1. ECUESTRE: relacionado con el caballo, y particularmente con la equitación.

2. EN SERPENTINA: que se desplaza en un zigzag ondulado, como una serpiente.

3. VALLA: estacas unidas por tablas que se presentan como obstáculos.

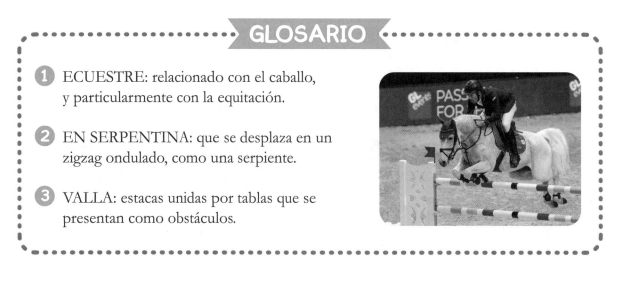

El equipo de equitación

Casco y botas
Sirven para proteger al jinete.

Riendas y bozal
Son correas de cuero con las que el jinete dirige al caballo.

Montura
Se usa la silla inglesa, que es liviana. Tiene un acolchado interior y faldones a los costados.

Cincha
Sujeta la silla al caballo.

Estribos
Son piezas de metal en las que el jinete introduce los pies para afirmarse mientras cabalga.

Herradura de la buena suerte

La herradura es una pieza de metal en forma de «U» que se clava en el casco del caballo para evitar que se desgaste. Se cree que trae buena suerte. Según una leyenda, el santo inglés Dunstan —herrero de profesión— fue visitado por un hombre extraño que le pidió que le pusiera herraduras en los pies. El santo supo que era el diablo, lo encadenó a la pared y con su martillo clavó las herraduras. El dolor era tan grande que el diablo juró que jamás entraría en una casa que tuviera una herradura.

JUEGA Y APRENDE

¿VERDADERO O FALSO?

En la prueba de adiestramiento el caballo debe saltar vallas.

Las riendas y el bozal se usan para dirigir al caballo.

El *cross-country* se realiza en una pista.

En las competencias se usa la montura inglesa.

V F

V F

V F

V F

FÚTBOL

El juego

Dos equipos rivales de diez jugadores y un arquero (también conocido como portero o guardameta) compiten pateando una pelota para meterla en el arco del contrincante[1]. Cada punto obtenido se llama «gol».
Un árbitro principal y dos de línea (puede haber incluso uno adicional) vigilan que se cumplan las reglas del juego.

La cancha

El campo de juego es un rectángulo de césped artificial o natural. En sus lados más angostos están ubicados los arcos, porterías o metas, que poseen una red para contener la pelota.

Las reglas básicas

La pelota no debe golpearse con brazos o manos. Solo el arquero puede tomarla con las manos dentro del área chica, y los jugadores, desde el lateral cuando el balón ha salido de la cancha. El castigo máximo es el penal[2].

La Copa Mundial de Fútbol

La organiza la FIFA (sigla de *Fédération Internationale de Football Association*) cada cuatro años y participan las selecciones de 32 países. El equipo con más títulos de la Copa Mundial es Brasil con cinco victorias.

GLOSARIO

1 CONTRINCANTE: rival, adversario.

2 PENAL: tiro directo al arco desde el punto de penal, a 11 metros de distancia.

El fútbol en números

Popularidad
Participan 270 millones de personas en el mundo, de forma reglada.

Duración del partido
dos tiempos de 45 minutos.

Medidas de la cancha
Largo: 100 a 110 m.
Ancho: 64 m.

Área chica

Área central

Córner o esquina

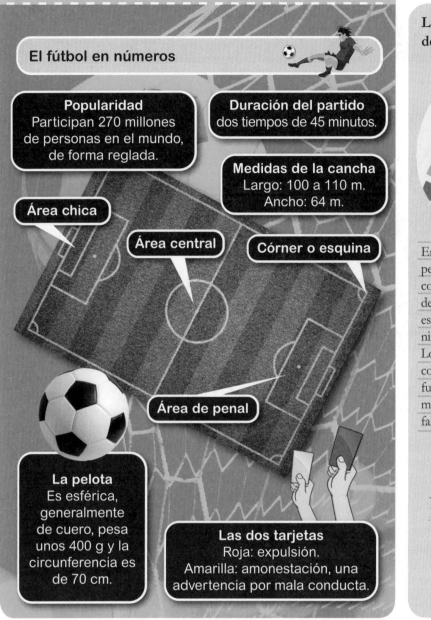

Área de penal

La pelota
Es esférica, generalmente de cuero, pesa unos 400 g y la circunferencia es de 70 cm.

Las dos tarjetas
Roja: expulsión.
Amarilla: amonestación, una advertencia por mala conducta.

La goleada del siglo

En 2002, el equipo Adema perdió por 149 goles a 0 con el L'Emyrne en la isla de Madagascar. Lo curioso es que el ganador no hizo ninguno de aquellos goles. Los jugadores del Adema los convirtieron ellos mismos: fueron goles en contra para mostrar su enojo por un fallo del árbitro.

JUEGA Y APRENDE — ¿VERDADERO O FALSO?

Los jugadores no pueden tocar la pelota con los brazos dentro de la cancha.

V   F

El arco tiene una red de contención.

V   F

El penal es un premio por buena conducta.

V   F

La tarjeta roja es una amonestación.

V   F

GIMNASIA

Las gimnasias deportivas

Gimnasia es toda actividad física para el desarrollo del cuerpo. Hay muchas variantes, pero solo se consideran deportivas las que siguen ejercicios reglamentados. En los Juegos Olímpicos se incluyen la gimnasia artística, rítmica y en trampolín.

La gimnasia artística

Consiste en una rutina[1] que combina ejercicios en barras, anillas, suelo y salto en el potro[2], por ejemplo.

La gimnasia rítmica

Desarrolla una coreografía[3] con elementos de danza y objetos, como aros, pelotas, mazas o cintas. Se puede participar en forma individual o en equipos.

La gimnasia en trampolín

Es una serie de ejercicios de acrobacia que se hacen sobre aparatos que permiten el rebote, por ejemplo, una cama elástica. Fue aceptada como disciplina olímpica en el año 2000.

GLOSARIO

1. RUTINA: serie ordenada de ejercicios que no varía.

2. POTRO: especie de banco acolchado sobre el que se realizan saltos. Suele tener dos anillas.

3. COREOGRAFÍA: conjunto de pasos y figuras de un espectáculo de danza.

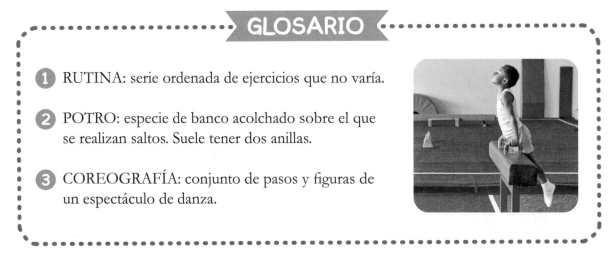

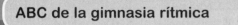

ABC de la gimnasia rítmica

El entrenamiento comienza entre los 2 y los 6 años. La duración de la carrera es corta, pues la mayoría compite solo hasta los 20 años.

Algunos de los movimientos son saltos, equilibrios, giros y flexibilidades.

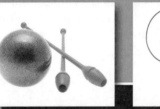 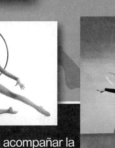

Hay cuatro elementos que pueden acompañar la coreografía: la pelota, las mazas, el aro y la cinta. El espectáculo se realiza con música.

» » »

Sin ropa

La palabra «gimnasia» es de origen griego; deriva de *gymnos* que significa «desnudez». Esto es porque los atletas griegos practicaban los deportes totalmente desnudos para mostrar su desarrollo físico.

JUEGA Y APRENDE ¿VERDADERO O FALSO?

Todo tipo de gimnasia es deportiva.

El potro se usa en la gimnasia artística.

La gimnasia en trampolín es un deporte olímpico.

La gimnasia artística incluye música.

V F V F V F V F

BALONMANO (HANDBOL)

¿Dónde se juega?

El campo de juego es un espacio techado con forma rectangular que mide 40 x 20 m. En los lados angostos se ubican los arcos. El partido se divide en dos tiempos de 30 minutos cada uno.

El equipo

Este deporte se juega en equipos de siete jugadores con seis jugadores que se mueven en el campo y un arquero (también conocido como portero o guardameta). Los goles se convierten al meter la pelota dentro del arco.

La regla más importante

La pelota, esférica y de cuero, se toma con la mano. Para desplazarse con ella, el jugador puede dar tres pasos libremente, pero luego debe hacerla rebotar en el suelo o pasarla a otro jugador. El arquero es el único que puede tocar la pelota con sus piernas y pies.

Penalizaciones

Además del penal y la amonestación, como en el fútbol, también existe la exclusión: el jugador debe salir de la cancha y esperar 2 minutos sin participar del juego.

GLOSARIO

1 TRONCO: cuerpo de una persona o de un animal, considerado sin la cabeza y sin las extremidades.

2 NATURISTA: el que propone cuidar la salud con elementos naturales.

En juego

Lanzamiento en suspensión
Es un salto en alto para superar a la defensa, girando el tronco[1] para acompañar el brazo y darle mayor potencia al tiro.

Defensa
Se permite el contacto cuerpo a cuerpo entre el atacante y los defensores, que pueden agarrarlo para impedir el tiro al arco. Sin embargo, están prohibidos los golpes y empujones.

Origen discutido

A principios del siglo XX, el profesor de Educación Física alemán Max Heiser ideó un juego semejante al fútbol —que se practicaba con violencia—, pero sosteniendo la pelota con la mano. Al mismo tiempo, en Uruguay, el profesor naturista[2] Antonio Varela tuvo una idea semejante y llamó al juego «balón». Recién en 1926 se descubrió la coincidencia, y el handbol se volvió un deporte practicado a nivel mundial.

JUEGA Y APRENDE ¿VERDADERO O FALSO?

Los jugadores pueden hacer pases con los pies.	Los empujones y golpes no están permitidos.	La pelota es ovalada.	El jugador excluido pasa 2 minutos sin jugar.
V F	V F	V F	V F

HOCKEY

Una familia de deportes

En el *hockey* compiten dos equipos que empujan una pelota o un disco hacia el arco del rival. Para hacerlo, emplean palos de *hockey*, es decir, bastones largos con la punta curvada. Hay muchas variantes de este deporte.

Sobre césped

Juegan dos equipos de once jugadores. El palo tiene una parte plana y la otra curvada; la bocha[1] es de un material plástico muy duro.

Sobre hielo

Los jugadores se organizan en equipos de seis participantes con patines de cuchilla para hielo. El palo tiene una parte curvada para golpear un disco de caucho[2] duro. Es un deporte muy rápido y hay un gran contacto físico por lo que las peleas son comunes.

Sobre patines

Los equipos tienen cinco jugadores que se desplazan sobre patines de cuatro ruedas. El palo está hecho de madera, y la pelota es de caucho o de corcho comprimido.

GLOSARIO

1 BOCHA: bola, pelota.

2 CAUCHO: materia de origen vegetal muy elástica.

3 *SNORKEL*: tubo que sirve para respirar bajo el agua.

El *hockey* sobre césped

Popularidad
A nivel mundial tiene 2.000 millones de seguidores.

Tiempos
Se juega en cuatro cuartos de 15 minutos.

Jugadas y técnicas
El palo se agarra de diferente manera para conducir la pelota, superar al contrario o hacer pases.

Arquero o portero
Puede tocar la bocha con los pies y brazos. Usa un equipo de protección que limita sus movimientos.

Penalty stroke
Se llama también *shoot-out* y es el equivalente a un penal de fútbol; se cobra por una falta grave para impedir un gol.

Pelota
Es hueca con una pared de plástico duro.

Palo
Mide, aproximadamente, 1 m de altura y tiene un ancho de 5 cm.

¡También en el agua!

Entre las muchas variedades del *hockey* hay una subacuática. Se practica en una piscina profunda con nadadores que usan patas de rana, gafas y *snorkel*. Por el fondo de la pileta deben deslizar un disco o pastilla —llamado *puck*— que pesa más de 1 kg. Lo golpean con un bastón corto de colores rojo y azul.

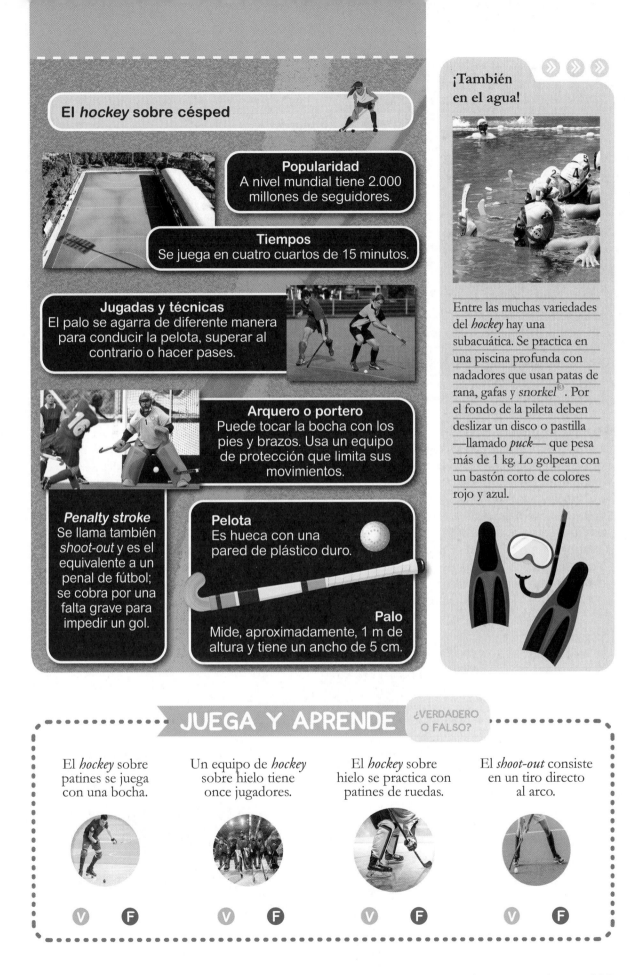

JUEGA Y APRENDE

¿VERDADERO O FALSO?

El *hockey* sobre patines se juega con una bocha.

Un equipo de *hockey* sobre hielo tiene once jugadores.

El *hockey* sobre hielo se practica con patines de ruedas.

El *shoot-out* consiste en un tiro directo al arco.

V F

V F

V F

V F

NATACIÓN

Deporte olímpico
Desde 1896, la natación está incluida como deporte olímpico para los varones, y en 1912 se sumaron las competencias femeninas.

En aguas abiertas
La natación en aguas abiertas se realiza en lagos, ríos o en el mar. En los Juegos Olímpicos es una prueba de 10 km, aunque en otras competiciones alcanza los 25 km. La distancia es igual para varones y mujeres.

Competencias en piscinas
En las piletas, las pruebas cubren distancias entre los 200 y los 400 m con estilos combinados, y de 100 y 200 m en un solo estilo.

La piscina olímpica
Las medidas de las piletas para las competencias olímpicas son muy estrictas: 50 m de largo, 25 m de ancho y, por lo menos, 2 m de profundidad. Para separar a los competidores, se usan carriles[1] marcados con sogas y flotadores.

GLOSARIO

1. CARRIL: canal o banda para circular.

2. BRAZADA: movimiento coordinado realizado con los brazos.

3. OSCILANTE: en forma alternada.

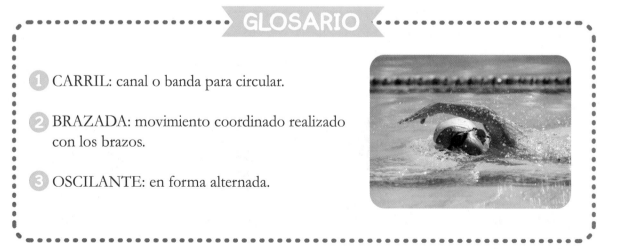

Los estilos de la natación

Estilo pecho
El nadador flota boca abajo. La brazada es como un círculo por debajo del agua mientras las piernas se encogen. Luego, todo el cuerpo se estira. Es el estilo más lento.

Estilo mariposa
El nadador, boca abajo, eleva los dos brazos hacia adelante por afuera del agua y luego los sumerge hacia atrás. El cuerpo y las piernas se mueven en forma ondulante. Aunque tiene una velocidad de punta mayor, la velocidad media de este estilo es menor a la del crol.

Estilo crol
Se nada boca abajo. Uno de los brazos con el codo flexionado sale del agua hacia adelante, mientras el otro brazo lo hace dentro del agua hacia atrás. La patada es oscilante hacia arriba y abajo. Todos los récords son en crol.

Estilo espalda
Es una variante del crol en la que el nadador flota boca arriba. Los movimientos son semejantes a los del crol. Después del estilo pecho, es el más lento.

¿Depilados?

Los nadadores de alta competencia se depilan el vello del cuerpo para reducir la resistencia que pudiera ofrecer al avance en el agua. Aunque no hay estudios científicos que prueben que esto sea cierto, es una práctica muy extendida. La gorra de látex que usan cumple la misma finalidad y ¡evita que deban raparse!

PING-PONG

Ping-pong o tenis de mesa

Se lo llama así porque nació como una variante del tenis en Inglaterra. Debido a las malas condiciones del clima, se impuso este deporte de mesa que puede jugarse en un lugar cerrado.

El nombre popular

El nombre *ping-pong* surgió cuando el atleta James Gibb decidió usar pelotas de celuloide[1]. Las raquetas eran de pergamino[2] y la pelota sonaba «ping» al golpearla, mientras que al rebotar en la mesa el sonido era «pong».

Categorías

Los partidos se juegan en categoría *single*, uno contra uno, o en dobles, dos parejas enfrentadas.

Puntaje

El partido se divide en juegos que pueden ser 3, 5 o 7. A su vez, gana cada juego quien alcance 11 puntos. Pero, si empatan en 10 puntos, tendrán que continuar hasta que alguno logre una ventaja de 2 puntos, por ejemplo: 14 a 12.

GLOSARIO

1 CELULOIDE: material plástico muy elástico.

2 PERGAMINO: piel del ganado sometida a un proceso de limpieza y estiramiento.

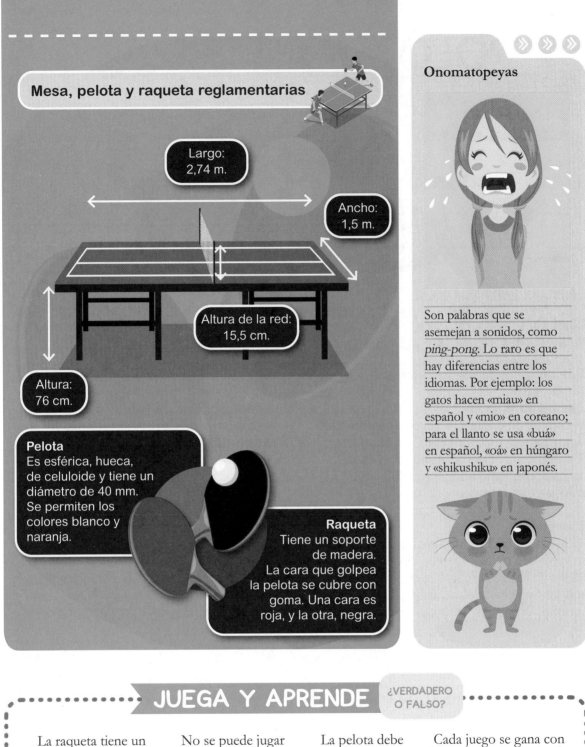

Mesa, pelota y raqueta reglamentarias

Largo: 2,74 m.

Ancho: 1,5 m.

Altura de la red: 15,5 cm.

Altura: 76 cm.

Pelota
Es esférica, hueca, de celuloide y tiene un diámetro de 40 mm. Se permiten los colores blanco y naranja.

Raqueta
Tiene un soporte de madera. La cara que golpea la pelota se cubre con goma. Una cara es roja, y la otra, negra.

Onomatopeyas

Son palabras que se asemejan a sonidos, como *ping-pong*. Lo raro es que hay diferencias entre los idiomas. Por ejemplo: los gatos hacen «miau» en español y «mio» en coreano; para el llanto se usa «buá» en español, «oá» en húngaro y «shikushiku» en japonés.

JUEGA Y APRENDE ¿VERDADERO O FALSO?

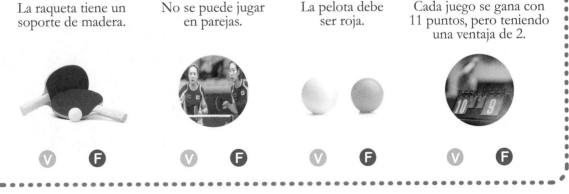

La raqueta tiene un soporte de madera. V F

No se puede jugar en parejas. V F

La pelota debe ser roja. V F

Cada juego se gana con 11 puntos, pero teniendo una ventaja de 2. V F

POLO

Jinetes en equipos

El polo es un deporte en el que se enfrentan dos equipos de cuatro jinetes a caballo. El objetivo es convertir goles en el arco contrario con una pequeña pelota que golpean con un taco.

El partido

Se juega en una cancha rectangular con césped que mide 270 m de largo y 150 de ancho. Dura dos horas que se dividen en seis tiempos llamados *chukkers*.

El hándicap

Los jugadores de polo son clasificados con el hándicap. Este sistema les asigna un puntaje de hasta 10 puntos haciendo un promedio[1] de la cantidad de goles por partido.

Antiguo origen

El primer registro del juego figura en documentos del siglo VI a. C. en los que se menciona un partido entre los persas[2] y un pueblo turco. Desde allí se expandió hacia India, China y Tíbet. Su nombre deriva de *pulu*, que significa «pelota» en tibetano.

GLOSARIO

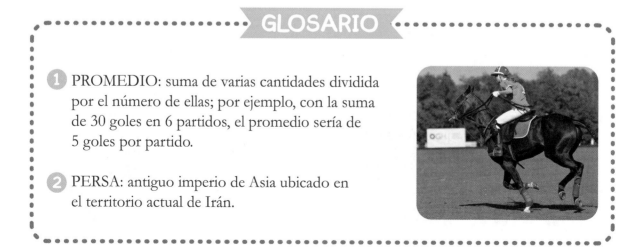

1 PROMEDIO: suma de varias cantidades dividida por el número de ellas; por ejemplo, con la suma de 30 goles en 6 partidos, el promedio sería de 5 goles por partido.

2 PERSA: antiguo imperio de Asia ubicado en el territorio actual de Irán.

El equipo de polo

Casco
Es acolchado por dentro y rígido por fuera para proteger de las caídas.

Taco
Es una vara de bambú o de grafito terminado en una cabeza de madera con forma de cigarro.

Botas de montar y rodilleras
Se fabrican con cuero bastante grueso para resguardarse de los golpes con los tacos.

Caballo
Son yeguas porque son más bajas que los machos. Llevan protección en las patas.

¡Espectacular!

El *dribbling* es una destreza compleja del polo. Consiste en hacer picar la pelota varias veces sobre el taco sin que toque el piso mientras se cabalga. El jugador tiene un gran control sobre la pelota. El polista argentino Adolfo Cambiaso es uno de los más habilidosos haciendo *dribbling*.

JUEGA Y APRENDE
¿VERDADERO O FALSO?

El polo tuvo su origen en América.

V   F

Cada equipo tiene cuatro jinetes a caballo.

V   F

La cancha es cuadrada.

V   F

El taco sirve para golpear la pelota.

V   F

RUGBY

Origen del juego

Se cuenta que William Webb Ellis, un estudiante del colegio de Rugby —ciudad de Inglaterra—, inventó este deporte. Los equipos tienen quince jugadores que pueden tomar la pelota con las manos y también patearla, aunque esto es difícil porque la pelota ovalada rebota de manera irregular.

La cancha

El campo de juego es rectangular. El lado más corto es la línea de anotación, es decir, donde se consiguen los puntos. En la parte media de la línea de anotación hay un poste con forma de «H».

El *try*

Las anotaciones tienen diferente puntaje. Por ejemplo, el *try* consiste en apoyar la pelota detrás de la línea de anotación del rival y vale 5 puntos. Además, le da derecho al equipo a patear a los postes y conseguir 2 puntos más si el balón pasa entre ellos.

Tercer tiempo

El juego se divide en dos tiempos de 80 minutos cada uno. Sin embargo, después del partido, los equipos rivales se reúnen para socializar[1] en lo que llaman el «tercer tiempo».

GLOSARIO

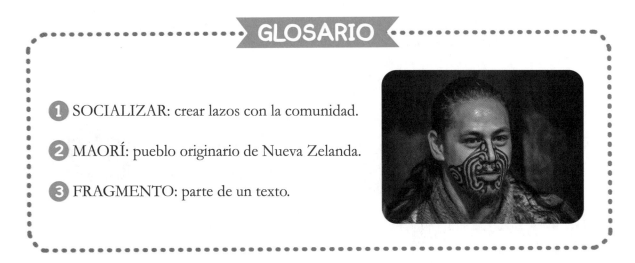

1 SOCIALIZAR: crear lazos con la comunidad.

2 MAORÍ: pueblo originario de Nueva Zelanda.

3 FRAGMENTO: parte de un texto.

Los jugadores

Forwards o delanteros

Son ocho jugadores, los más grandes y pesados. Participan del *scrum*: formación de empuje frente al otro equipo para obtener el balón que se lanza al medio.

Backs o defensores

Son siete jugadores, los más ligeros y veloces. Su función es hacer circular el balón por el campo de juego. Para defender, usan el *tackle*: un movimiento para derribar al oponente que lleva la pelota.

Los All Blacks

Es el nombre con el que se conoce a la exitosa Selección Nacional de *Rugby* de Nueva Zelanda. Antes de cada partido, sus miembros interpretan el *haka*, que es una danza y un canto de guerra en lengua maorí[2].

Un fragmento[3] del *haka* dice: «¡Este es el hombre peludo / que trajo el sol / y lo hizo brillar de nuevo». Entre los maoríes, los hombres peludos eran considerados valientes.

JUEGA Y APRENDE ¿VERDADERO O FALSO?

Cada equipo tiene quince jugadores.

V F

La pelota es redonda.

V F

Los postes tienen forma de letra F.

V F

El *haka* es un movimiento para frenar al rival que lleva la pelota.

V F

TENIS

Con raqueta

El tenis se juega con una raqueta que tiene empuñadura y una cabeza o corazón con una cuerda entrelazada. La pelota debe golpear en el encordado. Se practica entre dos jugadores (*singles*) o en parejas (dobles).

El origen del nombre

La palabra inglesa *tennis* se originó en una expresión francesa —¡*Tenez!*—, un aviso que se daba al rival antes de arrojar la pelota para iniciar el juego y que significa «¡Ahí va!».

Imposible empatar

El partido está dividido en tres o en cinco sets[1]. Para ganar un set, el jugador debe ganar 6 juegos. Cada juego está compuesto por puntos de diferente valor. En orden, suman 15, 30 y 40. Como no hay empate, se continúa hasta que un jugador consiga una diferencia de 2 puntos sobre el rival.

La cancha

La cancha de tenis es rectangular y la superficie puede ser de césped, polvo de ladrillo o cemento. Está dividida por una red sostenida por un cable de acero.

GLOSARIO

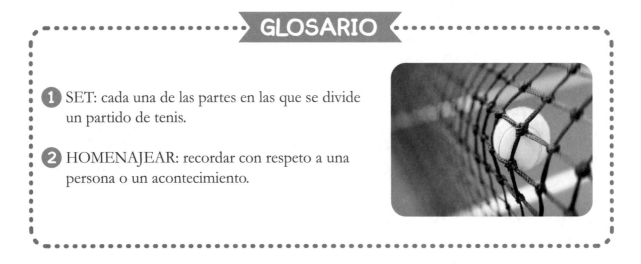

1 SET: cada una de las partes en las que se divide un partido de tenis.

2 HOMENAJEAR: recordar con respeto a una persona o un acontecimiento.

Los golpes del tenis

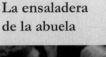

Saque
Es el golpe más importante. Los jugadores se turnan por puntos para sacar desde la línea de fondo. Cuando el rival no toca la pelota, se logra un *ace* o saque ganador.

Derecha y revés
Son los golpes básicos a un lado y otro del cuerpo.

Volea
Es un golpe de aire porque la pelota se ataja antes de que pique en el suelo. Los jugadores suelen practicarlo cerca de la red.

La Gran Willy
Se golpea la pelota por entre las piernas y de espaldas a la red. El nombre homenajea[2] a su creador, el tenista argentino Guillermo Vilas.

La ensaladera de la abuela

El estadounidense Dwight Davis organizó el torneo de tenis que lleva su nombre en 1899. Compiten equipos por países en cuatro partidos de *singles* y uno de dobles. Davis encomendó el trofeo a un artesano que lo diseñó con la forma de una ensaladera de plata. En la entrega de premios, comenzó a circular la leyenda de que Davis había olvidado encargar el trofeo y, con el apuro, lo había reemplazado por la ensaladera de su abuela.

JUEGA Y APRENDE ¿VERDADERO O FALSO?

La pelota se golpea con la empuñadura de la raqueta.
V F

La cancha está dividida por un muro.
V F

La cancha puede estar cubierta con polvo de ladrillo.
V F

El saque se hace desde la línea de fondo.
V F

VÓLEY

Ataque y defensa

En el vóley o voleibol se enfrentan dos equipos de seis jugadores en un área de juego separada por una red central. En la fase[1] de ataque, un equipo intenta que el balón toque el suelo del campo contrario; en la defensiva, trata de que no caiga en el propio.

El partido

Se divide en cinco bloques o sets, igual que en el tenis. Cada set se disputa[2] a 25 puntos, pero se gana con una ventaja de 2 puntos (por ejemplo, 26-24).

Los golpes

La pelota es esférica y más pequeña y liviana que la de fútbol. Debe impulsarse con golpes limpios —sin sujetarla o retenerla— para enviarla en tres pases al campo rival. Puede golpearse con cualquier parte del cuerpo, incluidos los pies.

La red

Divide el campo de juego por la mitad. La altura entre el borde superior y el suelo varía de acuerdo con la categoría. Por ejemplo, es de 2,43 m para los hombres y de 2,24 m para las mujeres.

GLOSARIO

1 FASE: momento o estado de un proceso.

2 DISPUTAR: competir.

3 ZAGUERO: jugador que ocupa la parte trasera de una cancha.

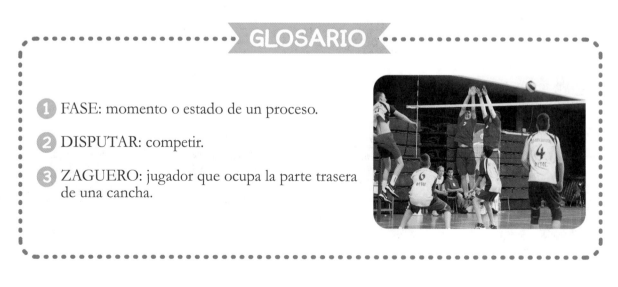

Rotación y estrategia

Los jugadores rotan en la cancha en el sentido de las agujas del reloj. Los lugares se mencionan con números en sentido descendente, es decir, desde la posición 6, el jugador rota a la 5 y luego a la 4, hasta llegar al saque, en el lugar 1. Un equipo mantiene el saque hasta que pierde un punto, entonces, el rival rota y saca.

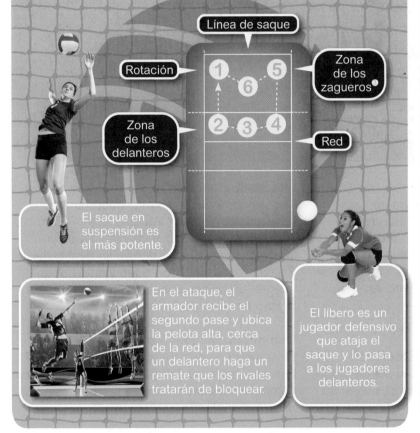

Línea de saque

Rotación

Zona de los zagueros

Zona de los delanteros

Red

El saque en suspensión es el más potente.

En el ataque, el armador recibe el segundo pase y ubica la pelota alta, cerca de la red, para que un delantero haga un remate que los rivales tratarán de bloquear.

El líbero es un jugador defensivo que ataja el saque y lo pasa a los jugadores delanteros.

Vóley playero

Esta versión del vóley se juega sobre una cancha de arena en una playa y, desde 1996, es considerada una disciplina olímpica. Las reglas son semejantes a las del vóley, pero además de la cancha, se diferencia en que los equipos son de dos jugadores que están descalzos y usan traje de baño; la superficie de la cancha es algo menor y el partido se disputa en tres sets.

JUEGA Y APRENDE ¿VERDADERO O FALSO?

Los campos rivales están separados por la red.

V   F

La pelota puede sujetarse para pasarla a un compañero.

V   F

El armador recibe el segundo pase.

V   F

El líbero es un jugador de ataque.

V   F

211

¡No hay olas en el lago!

Newman Darby (1928-2016) vivía en Pensilvania, Estados Unidos, y era un apasionado del *surf*. Decepcionado porque el lago cercano a su casa no tenía olas como las del mar, en 1964 fijó una vela a la tabla de *surf* para impulsarse con el viento. Así, nació el *windsurf*.

La tabla

Se fabrica con espuma de poliestireno[1] recubierta de fibras que pueden ser de vidrio, de carbono, entre otros materiales. La eslora —largo— y la manga —ancho— dependen del tipo de competencia, del peso del navegante y del rango[2] del viento.

Las competencias

Existen competiciones muy diferentes entre sí. Por ejemplo, *Wave* —«ola»— consiste en realizar saltos sobre las olas. *Freestyle* —«estilo libre»—, en cambio, es deslizarse y hacer maniobras con buen viento sobre el agua en calma. Eslalon es una carrera en zigzag entre boyas[3].

Competencia olímpica

El *windsurf* es deporte olímpico desde 1984. Participa en la modalidad regata en la que los competidores deben dar varias vueltas a un recorrido indicado por dos boyas.

GLOSARIO

1. POLIESTIRENO: material plástico.
2. RANGO: nivel, categoría.
3. BOYA: cuerpo flotante sujeto al fondo que se usa como señal.
4. HUSO: instrumento para hilar grueso en el centro y afinado en los extremos.

El equipo de *windsurf*

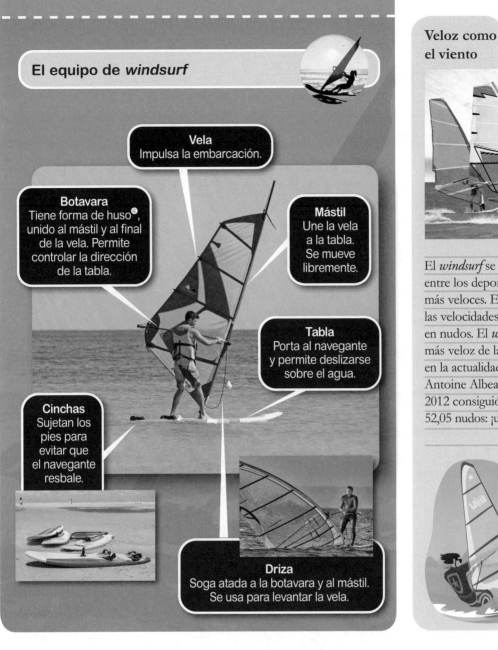

Vela
Impulsa la embarcación.

Botavara
Tiene forma de huso[a], unido al mástil y al final de la vela. Permite controlar la dirección de la tabla.

Mástil
Une la vela a la tabla. Se mueve libremente.

Tabla
Porta al navegante y permite deslizarse sobre el agua.

Cinchas
Sujetan los pies para evitar que el navegante resbale.

Driza
Soga atada a la botavara y al mástil. Se usa para levantar la vela.

Veloz como el viento

El *windsurf* se encuentra entre los deportes acuáticos más veloces. En navegación, las velocidades se miden en nudos. El *windsurfer* más veloz de la Tierra es, en la actualidad, el francés Antoine Albeau, que en 2012 consiguió navegar a 52,05 nudos: ¡unos 96 km/h!

JUEGA Y APRENDE ¿VERDADERO O FALSO?

Darby inventó el *windsurf*.

V   F

El *wave* se practica sobre el agua en calma.

V   F

La manga es el largo de la tabla.

V   F

La botavara sirve para controlar la dirección de la tabla.

V   F

GRILLA DEPORTIVA

Completa con el deporte que se relaciona con cada imagen. Sigue el ejemplo.

¿DÓNDE ESTÁ LA PELOTA?

Ayuda a este jugador a encontrar el camino hacia la pelota de fútbol.

PAISAJE DE *WINDSURF*

¿Te animas a ubicar las seis imágenes en la grilla del paisaje?

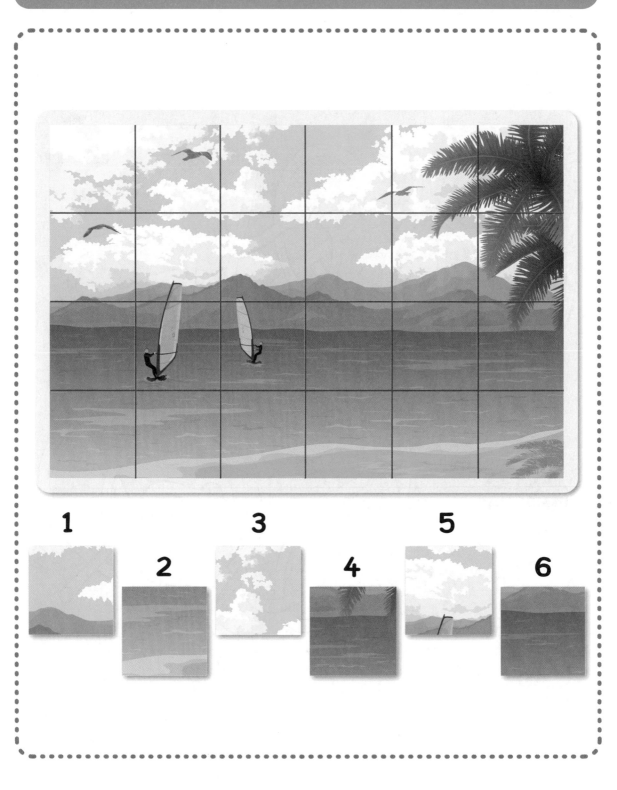

» Soluciones

JUEGA Y APRENDE

GRILLA DEPORTIVA

¿DÓNDE ESTÁ LA PELOTA?

PAISAJE DE *WINDSURF*

ARTE

Todo sobre la historia del arte

LEONARDO DA VINCI

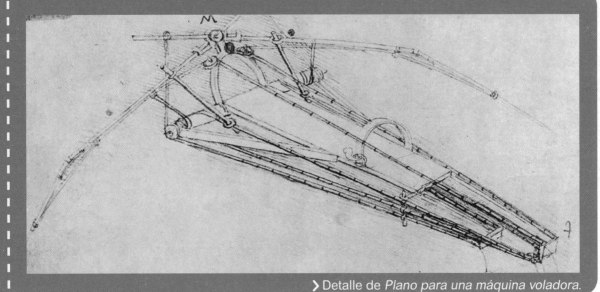

> Detalle de *Plano para una máquina voladora*.

El Renacimiento

Fue un movimiento[1] que nació en Italia.
Se retomaron los ideales de la cultura griega.
Los cuadros se componían con proporciones
geométricas; por ejemplo, los artistas ubicaban a los
personajes de sus obras formando un triángulo, una
figura que les parecía muy sólida y equilibrada.

Múltiples intereses

Leonardo nació en Italia (1452-1519). «Da Vinci»
indica que era de la ciudad de Vinci porque en la
época no había apellidos. Se interesó por diversas
ramas de la cultura: anatomía, arquitectura, ciencia,
ingeniería y, en el arte, por la pintura, la escultura,
la música y la poesía.

El color de la atmósfera

Da Vinci notó que los objetos que estaban a mucha
distancia se veían borrosos. Esto ocurre porque en
la atmósfera flotan polvo, vapor, gases. Entonces,
pintó sus figuras con los bordes imprecisos, una
técnica llamada «esfumado», y los objetos lejanos
se ven azulados, color que eligió para representar
la densidad de la atmósfera.

La Gioconda

Es uno de los cuadros más famosos de Leonardo.
Se supone que representa a la esposa de Francesco
Giocondo cuyo nombre era Lisa Gherardini.
Por eso, otro título de este cuadro es *Mona Lisa*
(*mona* significa «señora», en italiano). Se exhibe en
el Museo del Louvre. Es un retrato pintado al óleo[2]
sobre una tabla y mide 77 x 53 cm.

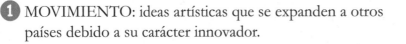

GLOSARIO

1 MOVIMIENTO: ideas artísticas que se expanden a otros
países debido a su carácter innovador.

2 ÓLEO: pintura en la que los pigmentos se mezclan con
aceites; tiene la ventaja de secarse muy lentamente, por lo
que el artista tiene mucho tiempo para trabajar en el cuadro.

3 *SOFTWARE*: programación para computadora.

> *La Gioconda.*

¿Sonríe *Mona Lisa*?

El juego de sombras que rodea la boca de la mujer hizo que muchos se preguntaran si el gesto es una sonrisa o una mueca de amargura. Se le aplicó un *software*[3] para reconocer emociones y el resultado fue 83% feliz, 9% disgustada, 6% temerosa y 2% enojada.

«La pintura
es poesía muda;
la poesía
es pintura ciega».

Leonardo Da Vinci

¿QUÉ OBSERVAMOS?

La técnica del esfumado en el rostro de la mujer, sobre todo en su sonrisa, que resulta enigmática.

El paisaje del fondo, pintado en tono azulado para representar la atmósfera.

La composición triangular de la figura central.

CLAUDE MONET

> Detalle de *Impresión, sol naciente.*

El Impresionismo

Su nombre surgió en una exposición de París en 1874. Un crítico se burló de las obras y tomó el título de un cuadro de Monet, *Impresión, sol naciente*, para llamarlos «impresionistas». A diferencia de los artistas anteriores, los impresionistas no usaban la línea para dibujar, sino que definían las figuras con pequeñas pinceladas de color: causaban una impresión, porque el ojo del espectador debía recomponer la figura.

Un rebelde con causa

Claude Monet nació en Francia (1840-1926). Se rebeló contra su familia, que prefería que fuese comerciante en vez de pintor. Su padre le ofreció dinero para evitar que se aliste al ejército, pero Monet no aceptó y fue destinado a la caballería en Argelia[1]. Al poco tiempo enfermó y fue repatriado.

El reino del color

El trabajo con los colores fue una de las innovaciones[2] del arte impresionista. En vez de plantear las luces y sombras con el agregado de blanco y negro a un mismo color, ellos propusieron contrastes entre los colores cálidos, como el rojo, el naranja y el amarillo, y los fríos, como el azul y el verde.

La Catedral de Rouen

Con este tema Monet pintó treinta cuadros al óleo. En realidad, no estaba interesado en la catedral, sino en la luz: las diferentes tonalidades marcan la iluminación de la catedral en los momentos del día. Al artista no le importaba el objeto; trataba de captar algo tan dinámico[3] y cambiante como la luz. La serie[4] está expuesta en varios museos del mundo, y casi todos los cuadros tienen la misma medida: 100 x 80 cm.

GLOSARIO

1. ARGELIA: país de África que, por entonces, era una colonia francesa.

2. INNOVACIÓN: lo que se presenta como una novedad.

3. DINÁMICO: en movimiento.

4. SERIE: objetos relacionados que se continúan uno tras otro.

> *La Catedral de Rouen.*

¿QUÉ OBSERVAMOS?

La falta de la línea para dibujar el objeto, que se percibe gracias a las pequeñas pinceladas que el ojo del observador relaciona.

El uso exclusivo de colores para destacar luces y sombras.

Las diferencias en el color para mostrar el dinamismo de la luz en los diferentes momentos del día: la catedral a la mañana y al atardecer.

GEORGES SEURAT

> Detalle de *El circo*.

El Puntillismo

Esta técnica de pintura reemplazó la pincelada de los impresionistas por puntos de color. Los colores se usaban puros, es decir, sin mezclarlos. Por ejemplo, en vez de mezclar el azul y el amarillo para obtener el verde, colocaban juntos los puntos con los dos colores primarios[1]. A la distancia, el ojo del espectador los une y ve el color verde.

Un pintor científico

Georges Seurat nació en Francia en 1859. A los 15 años ingresó a la escuela de Bellas Artes. Un momento importante en su vida fue cuando conoció al pintor Paul Signac. Juntos comenzaron el estudio científico de los colores que aplicaron en sus cuadros. Lamentablemente, Seurat murió muy joven, pues tenía solo 31 años (1891).

El lenguaje del color

Seurat aspiraba a crear un lenguaje nuevo en el arte que se usaría para expresar las emociones a través de las leyes de la percepción[2] del color. Si predominaban los colores cálidos y las líneas ascendentes, el cuadro transmitía alegría; los colores fríos y las líneas descendentes mostraban tristeza.

Una tarde de domingo en la isla de la Grande Jatte

La isla se encuentra en el río Sena en París y, en la época, era un balneario muy concurrido. El pintor hizo un estudio muy metódico del paisaje, pues existen numerosos bocetos[3] de preparación. Tardó dos años en terminar este cuadro que mide 2 x 3 m. En la actualidad está expuesto en el Instituto de Arte de Chicago, en Estados Unidos.

GLOSARIO

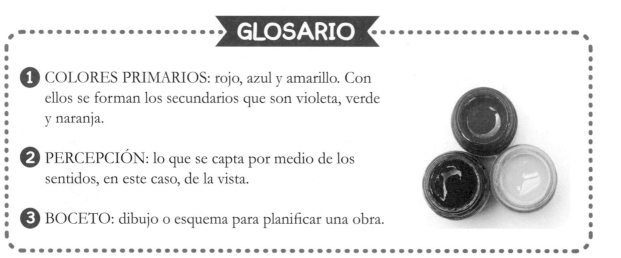

1 COLORES PRIMARIOS: rojo, azul y amarillo. Con ellos se forman los secundarios que son violeta, verde y naranja.

2 PERCEPCIÓN: lo que se capta por medio de los sentidos, en este caso, de la vista.

3 BOCETO: dibujo o esquema para planificar una obra.

¡Llegó la fotografía!

En la época del Puntillismo ya se había desarrollado la fotografía. Las tomas fotográficas influyeron en la composición de los cuadros. Por ejemplo, en el cuadro de Seurat que se observa a continuación, el hombre con gorra que está recostado en la hierba a la izquierda tiene las piernas «cortadas» (se ven parcialmente). Es algo que suele ocurrir en las fotografías, pero que ningún pintor de épocas anteriores hubiera permitido que sucediera en su cuadro.

«Algunos dicen que ven poesía en mis cuadros; yo solo veo ciencia».

Georges Seurat

> *Una tarde de domingo en la isla de la Grande Jatte.*

¿QUÉ OBSERVAMOS?

Los puntos que, vistos a una determinada distancia, provocan que el ojo forme los colores y las figuras.

La simetría marcada por la mujer de sombrilla naranja y su hija, quienes dividen el cuadro en dos mitades. Son las dos únicas figuras que están de frente.

La profundidad que le otorgan al paisaje las diagonales que lo dividen en tres sectores: el que está en sombra, el soleado y el río.

PAUL CÉZANNE

> Detalle de *El lago de Annecy.*

El Posimpresionismo

A partir del Impresionismo y sus nuevas ideas, varios pintores buscaron la manera de diferenciarse, entre ellos Paul Cézanne y Vincent Van Gogh. Por caminos diferentes, trataron de agregar más emoción a sus pinturas, aunque mantuvieron el uso del color y la pincelada para representar los objetos.

Un pintor solitario

Paul Cézanne nació en Francia (1839-1906). Se lo considera el padre de la pintura moderna, pero los críticos de arte[1] de su época no lo apreciaron. Por eso, trabajó siempre en soledad. Recién hacia el final de su vida logró el reconocimiento que merecía.

La pincelada geométrica

Era un gran observador de la naturaleza y trataba de representarla en formas simples con planos de color, sin utilizar líneas. Lo más característico de su pintura son las pinceladas grandes y geométricas. Es muy famosa su serie de bodegones[2], obras que muestran su estudio de las formas —círculos, rectángulos, triángulos— en la composición de los cuadros.

La montaña de Santa Victoria

Pintó más de ochenta cuadros que llevan el mismo título. Esto muestra que su interés no estaba en la montaña de Santa Victoria[3] como objeto, sino en el modo de representarla, es decir, la relación entre formas, volúmenes y colores. El cuadro mide 63,5 x 83 cm y se encuentra en el Museo de Arte Kunsthaus de Zúrich, en Suiza.

GLOSARIO

1 CRÍTICO DE ARTE: especialista en valorar las obras artísticas.

2 BODEGÓN: o «naturaleza muerta» es una pintura que muestra vegetales, alimentos y objetos de la casa acomodados en un espacio.

3 MONTAÑA DE SANTA VICTORIA: elevación ubicada en el sur de Francia.

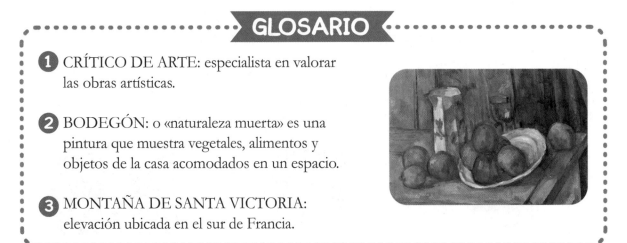

> *La montaña de Santa Victoria.*

«No se trata de pintar la vida,
se trata de hacer viva la pintura».

Paul Cézanne

Los pintores anteriores al Impresionismo trataban de retratar la realidad con la mayor exactitud.

La aparición de la fotografía cuestionó esta idea: ¿por qué pintar igual que una fotografía? El arte tomó nuevos rumbos. Al observar con atención la pintura de Cézanne, se advierte que la materia de los objetos representados no es sólida: la vista los atraviesa porque cada color deja ver el que está por debajo y el blanco de la tela. Se sabe que la materia no es sólida, sino que está formada por átomos. Los pintores modernos reflejan en sus cuadros *lo que saben*, más que lo que ven.

¿QUÉ OBSERVAMOS?

Las figuras geométricas con las que representa los objetos del paisaje, como las casas.

Las pinceladas grandes que se superponen formando planos de color que no llegan a ocultar ni siquiera el blanco de la tela.

El recorrido en zigzag de los colores que produce la sensación de profundidad.

227

VINCENT VAN GOGH

> Detalle de *Los girasoles*.

Otro camino del Postimpresionismo

Apartándose de los impresionistas, Van Gogh siguió en su pintura una línea diferente en la que el tema principal fueron las escenas de la vida cotidiana[1]. Además, sumó a la observación de la naturaleza formas y colores que expresaban sus sentimientos y su imaginación.

Una valoración tardía

Nació en los Países Bajos (1853-1890). Fue un pintor autodidacta[2] sin éxito: vendió solo dos de los novecientos cuadros que pintó. Su hermano Theo fue su mentor[3], lo alentó como artista y lo ayudó económicamente. Pero Vincent sufría trastornos mentales y se suicidó. En la actualidad, cada uno de sus cuadros vale más de 60 millones de dólares.

El impacto del color

Cuando Van Gogh se mudó al sur de Francia, lo deslumbró la fuerza de la luz del sol, que resaltaba los colores. Desde entonces, el color expresó sus sentimientos, y sus pinceladas se volvieron largas y rítmicas. Siempre pintaba observando su modelo —persona o paisaje—, pero volcando en el cuadro sus estados de ánimo y su fantasía.

La noche estrellada

Este cuadro lo pintó en el sanatorio mental donde estaba internado, un año antes de su muerte. Observó el paisaje desde su ventana con barrotes. Sin embargo, no los pintó y agregó el pueblo, que recuerda a los de los Países Bajos en su niñez. Es un óleo sobre lienzo[4] de 73,7 x 88,2 cm y se encuentra en el Museo de Arte Moderno de Nueva York.

GLOSARIO

1 COTIDIANO: de todos los días.

2 AUTODIDACTA: el que aprende solo, sin asistir a un lugar de enseñanza.

3 MENTOR: consejero o guía.

4 LIENZO: tela preparada para pintar sobre ella.

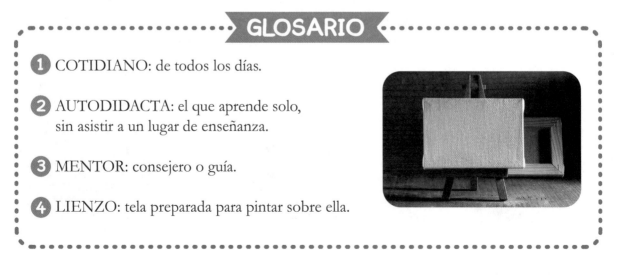

> La noche estrellada.

«Las pinturas tienen una vida propia
que nace del alma del pintor».

Vincent Van Gogh

Hacia 1888, Van Gogh invitó a vivir con él en el sur de Francia al pintor Paul Gauguin. La convivencia no fue sencilla porque ambos tenían carácter fuerte, y hubo muchas peleas. En uno de aquellos enfrentamientos, Vincent atacó a su huésped con una navaja de afeitar. Luego, arrepentido, se cortó el lóbulo de su propia oreja para castigarse por el hecho. ¡Gauguin, espantado, se marchó inmediatamente y jamás regresó!

¿QUÉ OBSERVAMOS?

Las pinceladas que destacan el contraste entre el pueblo —donde son rectas y breves— y el cielo —donde se deslizan formando curvas.

El árbol oscuro en primer plano y la torre de la iglesia en el pueblo que apuntan al elemento principal del cuadro: el cielo estrellado. Allí están los colores más vivos y brillantes, mostrando las emociones de su autor.

Las dos espirales en el centro del cuadro que se abrazan creando un movimiento fluido.

EDVARD MUNCH

> Detalle de *Vampiro II*.

El Expresionismo

Este movimiento cultural[1] surgió en Alemania a principios del siglo XX. Lo más importante en estas pinturas son los sentimientos, el estado de ánimo, la visión interior —que ellos llamaban «expresión»—, por encima de la realidad. En general, muestran la angustia, el pesimismo[2] y la desesperanza, pues en su época se estaba gestando la Primera Guerra Mundial.

Admirado y criticado

Edvard Munch (1863-1944) nació en Noruega. Rechazado en un principio por los críticos, su arte fue reconocido luego de que cumplió los 50 años, con numerosos honores y premios. Sin embargo, cuando los nazis invadieron Noruega, quitaron sus cuadros de los museos porque consideraban que ofendían a los visitantes.

El paisaje interior

Munch usó colores intensos, pinceladas y líneas onduladas, y figuras muy simplificadas para expresar sus sentimientos —inquietudes, angustias, temores—, pues no le interesaba pintar la realidad como la veían sus ojos. Trataba de expresar su mundo interior y, por eso, paisajes y personas aparecen deformados.

El grito

El pintor describió la escena que lo inspiró, un atardecer en el que caminaba con dos amigos: «… de repente el cielo se volvió rojo como la sangre. […] Mis amigos siguieron caminando, mientras yo me quedaba atrás, temblando de miedo y sentí el grito enorme, infinito, de la naturaleza». La obra fue realizada con óleo, témpera y pastel[3] sobre cartón. Mide 83,5 x 66 cm y se expone en el Museo Munch en Noruega. Hay otras tres versiones de este cuadro.

GLOSARIO

1. MOVIMIENTO CULTURAL: conjunto de ideas novedosas que son adoptadas por artistas de varios países.

2. PESIMISMO: inclinación por ver los aspectos negativos de la realidad.

3. PASTEL: pigmento seco en forma de barra que se utiliza para pintar.

> *El grito.*

Munch en WhatsApp

Aunque Munch obtuvo reconocimiento por su arte mientras vivía, sus obras son mucho más valoradas en la actualidad: en 2013, una de las versiones de *El grito* se vendió en casi 200 millones de dólares. Además, el rostro de su cuadro se convirtió en el emoticón de la aplicación de mensajes WhatsApp para expresar horror.

«La naturaleza no es solamente lo que es visible a los ojos... También incluye imágenes internas del alma».

Edvard Munch

¿QUÉ OBSERVAMOS?

Las líneas onduladas que expanden el grito como ondas sonoras.

La simplificación del rostro sin cejas ni cabello pone el foco en los ojos desorbitados por el horror y la boca abierta por el grito. La soledad acentúa esos sentimientos, pues los dos caballeros del fondo le dan la espalda.

El color sangriento del cielo sugiere el miedo. Las líneas onduladas del cielo y del agua muestran una naturaleza revolucionada.

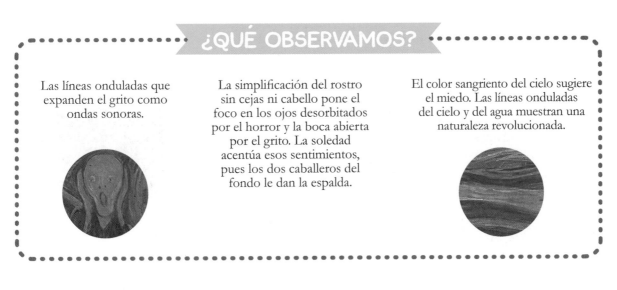

PAUL KLEE

> Detalle de *El jardín de rosas.*

Un camino personal

Paul Klee fue un pintor que nunca se guió por una escuela o un movimiento artístico. Su obra es muy personal, pues seguía sus propias ideas sin apoyarse en las de los demás.

Una extensa obra

Paul Klee (1879-1940) nació en Suiza, pero siempre usó la ciudadanía alemana que obtuvo por su padre. En 1914, durante la Primera Guerra Mundial, viajó a África, donde quedó deslumbrado por el color. Después de la guerra, fue profesor de la Escuela Bauhaus, una famosa institución alemana de vanguardia[1]. En 1933, era ya un artista reconocido, pero regresó a Suiza, debido a la persecución de los nazis que clasificaban sus obras como «arte degenerado». Afectado por una grave enfermedad, continuó trabajando hasta su muerte: ¡pintó más de nueve mil cuadros!

Mundos paralelos

Gran parte de la obra de Klee se relaciona con los sueños. Las visiones que tenemos en los sueños nos parecen reales: ¿lo son, en verdad? ¿Dónde está esa realidad cuando estamos despiertos? ¿Cómo podemos descubrirla? Estas son algunas de las preguntas que se hacían los artistas de la época. Klee trató de mostrar esos mundos paralelos escondidos en su pintura a través de los colores intensos, las líneas complicadas y la naturaleza.

El pez dorado

Buscando respuesta a sus inquietudes sobre los mundos paralelos, Klee usó la técnica del esgrafiado[2]: los colores pintados en acuarela sobre cartón fueron tapados por una capa de óleo negro, y las figuras surgieron al raspar esa superficie oscura. Este cuadro es de 1925 y mide 69,2 x 49,6 cm. Se encuentra en el Museo Kunsthalle de Hamburgo[3].

GLOSARIO

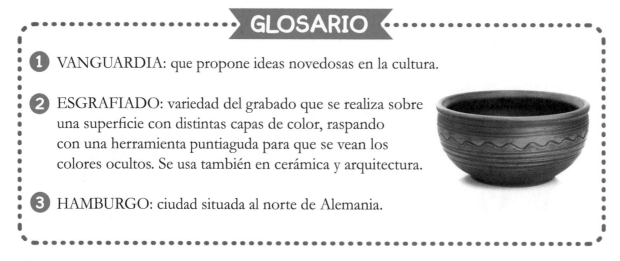

[1] VANGUARDIA: que propone ideas novedosas en la cultura.

[2] ESGRAFIADO: variedad del grabado que se realiza sobre una superficie con distintas capas de color, raspando con una herramienta puntiaguda para que se vean los colores ocultos. Se usa también en cerámica y arquitectura.

[3] HAMBURGO: ciudad situada al norte de Alemania.

El «efecto gato»

Mientras conversaba con un coleccionista en su departamento, el gato de Paul Klee estampó sus patas sobre un cuadro que se estaba secando. El coleccionista se horrorizó; en cambio, el pintor observó admirado la obra de su gato y dijo: «En el futuro, la gente se preguntará cómo hice para conseguir ese efecto maravilloso».

«Todas las cosas que un artista debe ser: poeta, explorador de la naturaleza y filósofo».
Paul Klee

> El pez dorado.

¿QUÉ OBSERVAMOS?

La técnica del esgrafiado que le permitió al artista encontrar un mundo que se hallaba oculto a nuestros ojos.

El trabajo complejo de líneas para crear el movimiento de la vegetación del fondo marino.

La soledad absoluta del pez dorado, rodeado de una negrura que destaca aún más su color y su quietud: es un pez mágico, misterioso, en la realidad submarina.

WASSILY KANDINSKY

> Detalle de *Círculos en círculo*.

El arte abstracto

Es el que deja de lado las figuras de la naturaleza para centrarse en una realidad diferente en la que no es posible reconocer objetos, animales, personas o paisajes. Los pintores intentaron mostrar un estado espiritual, una visión de su interioridad[1]. Muchos utilizaron las figuras geométricas para crear un lenguaje que todos pudieran comprender.

Seguir una vocación

Wassily Kandinsky (1866-1944) nació en Rusia. Siguió la carrera de Derecho, pero al ver una exposición del impresionista Claude Monet en Moscú, la abandonó para dedicarse a la pintura. Viajó por toda Europa y, como Paul Klee, fue profesor de la Escuela Bauhaus, donde desarrolló sus teorías[2] sobre el punto, la línea, la geometría y el color.

Origen espiritual

Las ideas de Kandinsky sobre la pintura se generaron a partir de la Teosofía[3] —una escuela espiritual surgida en su época— que pensaba que la creación del mundo se había dado a partir de un punto que se multiplicó en formas geométricas. Por eso, el pintor utilizaba puntos, líneas y círculos, triángulos y cuadrados para expresarse.

Sin título

Este cuadro de Kandinsky mide 36,4 x 32,2 cm y pertenece a una colección privada. ¿Por qué el pintor no le asignó un título? Si lo hubiera llamado, por ejemplo, "La ciudad", los observadores tratarían de buscar edificios, vehículos o personas en las líneas y formas. Como falta el título, es imposible relacionarlas con la realidad que nos rodea y de eso se trata, justamente, el arte abstracto.

GLOSARIO

1 INTERIORIDAD: lo que ocurre en el espíritu de las personas, como los sentimientos.

2 TEORÍA: una serie de normas o leyes que sirven para relacionar elementos o fenómenos.

3 TEOSOFÍA: un conjunto de ideas religiosas y místicas que se relacionan con una divinidad.

> Sin título.

» » »

Un gran descubrimiento

Cierta vez, la esposa de Kandinsky ordenaba su taller y apoyó una pintura dada vuelta contra la pared. Al llegar, el pintor vio que la luz del atardecer traspasaba el cuadro, pero no permitía que se distinguieran los objetos que había pintado: ¡lloró de emoción, pues le pareció la obra más hermosa del mundo! Con ese descubrimiento, comenzó su camino hacia el arte abstracto.

«El color es la tecla. El ojo es el martillo. El alma es el piano. El artista es la mano que, con una u otra tecla hace vibrar el espíritu del ser humano».

Wassily Kandinsky

¿QUÉ OBSERVAMOS?

Las líneas que generan un ritmo musical. Kandisnky trabajó con el compositor Arnold Schönberg tratando de traducir los acordes musicales en colores y líneas.

El círculo amarillo más grande, en el centro, porque para Kandinsky era una figura en calma que representaba el alma.

Los colores que se encuentran encerrados en las formas. El pintor creía que, de otro modo, teñirían el universo completo.

PIET MONDRIAN

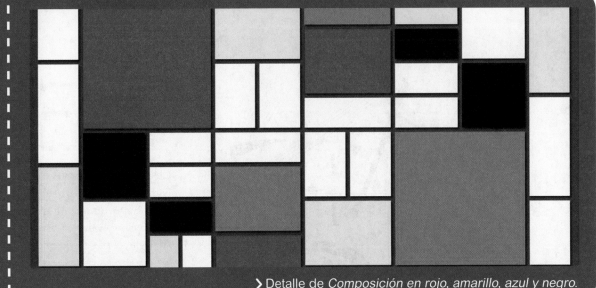

> Detalle de *Composición en rojo, amarillo, azul y negro.*

El Neoplasticismo

Como Wassily Kandinsky, Piet Mondrian también cultivó el arte abstracto, pero en una variante que se llamó «Neoplasticismo». Sus obras se enfocan en lo espiritual y, para mostrar ese mundo interior, pensaba que debía apartarse totalmente de la realidad, de la naturaleza. Consideraba que espiritualidad y naturaleza eran opuestos.

Con estilo propio

Piet Mondrian (1872-1944) nació en los Países Bajos. Formó parte de varios grupos de vanguardia antes de encontrar su estilo propio. Su arte influyó en la arquitectura, en el diseño e incluso en la moda, ya que una importante casa de París presentó una línea de bolsos y carteras inspirados en sus obras.

La base del universo

Su paleta[1] incluía solo los colores primarios porque los consideraba colores elementales del universo. Con el blanco —suma de todos los colores— y el negro —ausencia de todos ellos— intentó organizar la estructura[2] básica del cosmos. Sus cuadros solo muestran líneas rectas porque las curvas se relacionaban con la naturaleza.

Composición con amarillo, azul y rojo

Esta obra fue pintada con óleos sobre un lienzo y mide 69,2 x 72,2 cm. Forma parte de la colección de la Galería Tate, en Londres, pero Mondrian la pintó en 1942, mientras vivía en Nueva York.

GLOSARIO

1 PALETA: conjunto de colores utilizados habitualmente por un pintor.

2 ESTRUCTURA: disposición de las distintas partes de un conjunto.

3 CÍRCULO CROMÁTICO: rueda de colores que representa los colores primarios y sus derivados.

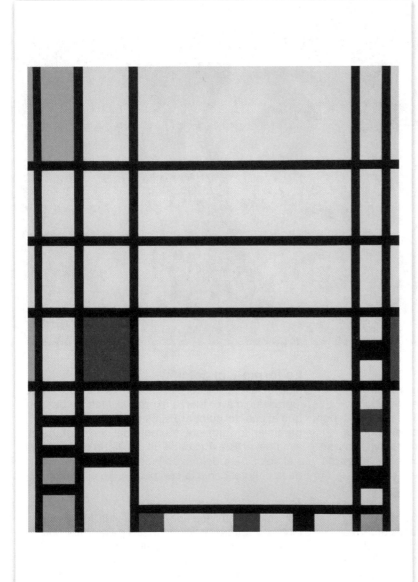

> *Composición con amarillo, azul y rojo.*

Fuertes convicciones

Mondrian formó parte del grupo de vanguardia denominado *De Stijl* («El Estilo»). El grupo expresaba la esencia del universo, su organización geométrica, a través de las líneas verticales y horizontales. Sin embargo, uno de sus fundadores, Van Doesburg, decidió incluir líneas en diagonal en sus cuadros. Mondrian no lo soportó y abandonó inmediatamente el grupo. Además, según se cuenta, en su afán de despegarse de la naturaleza, también prohibió en su casa todo lo que fuera de color verde.

«*El arte no está hecho para nadie y es, al mismo tiempo, para todos*».

Piet Mondrian

¿QUÉ OBSERVAMOS?

El título del cuadro que menciona los colores primarios e impide que los relacionemos con algún objeto real.

Las líneas horizontales y verticales que representan polos opuestos del universo: lo positivo y lo negativo, lo espiritual y lo material, etcétera.

El fondo blanco, suma de todos los otros colores, porque al hacer girar el círculo cromático[3] se observa ese color.

HENRI MATISSE

> Detalle de *La raya verde*.

El Fovismo

En 1905, Matisse y otros pintores innovadores expusieron sus cuadros en el Salón[1] de Otoño, en París. Un crítico de arte expresó su desprecio por ellos al llamarlos *les fauves* («las fieras») por los colores brillantes que le recordaron la selva. Matisse y sus amigos estuvieron encantados y se bautizaron como «fovistas».

Descubriendo el paraíso

Henri Matisse nació en Francia (1869-1954). Estudiaba abogacía, pero a los 20 años enfermó de apendicitis. Su madre le llevaba papeles y pinturas para que no se aburriese. El joven se entusiasmó tanto que decidió abandonar su carrera, pese a la oposición de su padre, para convertirse en artista. Dijo que en aquel momento había descubierto una «especie de paraíso».

La forma y el color

Matisse exaltó los contrastes entre los colores para lograr una mayor fuerza expresiva. Matisse pensaba que el uso del color era subjetivo[2] y que el color que percibían los ojos era diferente del que captaba el alma del artista. Buscaba un equilibrio entre la forma y el color, pero dejaba de lado otros componentes de la pintura, como la perspectiva[3] o el volumen.

Icarus

Enfermo en la última época de su vida, Matisse pintaba cartones y los recortaba para armar *collages*. Él llamaba a esta técnica «pintura con tijeras». *Icarus* es uno de ellos y forma parte de una serie de ilustraciones incluidas en su libro *Jazz*. Se publicó en 1947, aunque Matisse realizó los *collages* durante la Segunda Guerra Mundial.

GLOSARIO

1 SALÓN: exposición que se realiza cada cierto período de tiempo, por ejemplo, anualmente.

2 SUBJETIVO: lo que se relaciona con la interioridad de la persona, del sujeto.

3 PERSPECTIVA: modo de representar la profundidad en una superficie plana.

> *Icarus.*

El mito griego cuenta que Ícaro estaba prisionero con su padre, Dédalo, en una isla. Dédalo armó unas alas pegando plumas con cera para escapar. Pero en la huida, Ícaro quiso ver a los dioses y ascendió demasiado, por lo que el sol derritió sus alas y cayó al mar. Matisse lo representa en el momento de la caída, pues ya no tiene alas. Sin embargo, no es un cuerpo tenso por el miedo, sino relajado; tal vez esa tranquilidad provenga de haber logrado su mayor deseo: volar.

«Hay que buscar la forma más enérgica de color posible; el contenido carece de importancia».

Henri Matisse

¿QUÉ OBSERVAMOS?

Las figuras que no tienen el contorno dibujado porque son solo planos de color.

La intensidad de los colores que los fovistas usaban tal como salían del pomo, es decir, sin mezclarlos. El personaje tiene iluminado en rojo su corazón, un símbolo de la fuerza de su pasión.

El sol que está roto en varias estrellas, ¿o serán las bombas que iluminaban los cielos durante la Segunda Guerra Mundial?

PABLO PICASSO

> Detalle de *Arlequín y mujer con collar.*

El Cubismo

Picasso fue el creador del Cubismo. Curiosamente, el nombre le fue otorgado por el mismo crítico que bautizó al Fovismo. Al ver sus cuadros, los descalificó diciendo que la simplificación de las figuras era nada más que una suma de cubos. El punto de partida del Cubismo fue el arte primitivo de las máscaras africanas[1] que mostraban una suma de planos.

Un creador imparable

Pablo Picasso (1881-1973) nació en España. Desde pequeño mostró una habilidad asombrosa para el dibujo y, a los 13 años, expuso sus primeras obras. Sus intereses y habilidades eran múltiples, pues también fue escultor, ceramista e incluso diseñó escenarios y vestuario… ¡para un *ballet* ruso! En todas estas artes fue un innovador.

El reino de la memoria

Picasso no pintaba con el modelo enfrente, sino que lo observaba rodeándolo y luego, en el taller, evocaba las imágenes: su memoria había registrado la nariz de frente y de perfil, por ejemplo, y las dos aparecían en el cuadro en forma simultánea. Esta técnica se llamó «perspectiva múltiple». La consecuencia es que todo aparece en primer plano, no hay profundidad en el cuadro.

Retrato de Dora Maar

Dora Maar era el seudónimo que usaba Henriette Theodora Markovitch, una talentosa fotógrafa que fue compañera sentimental de Picasso. El pintor hizo varios retratos de ella; el que se muestra aquí es de 1937 y se encuentra en el Museo Picasso de París. Está pintado al óleo sobre un lienzo que mide 92 x 65 cm.

GLOSARIO

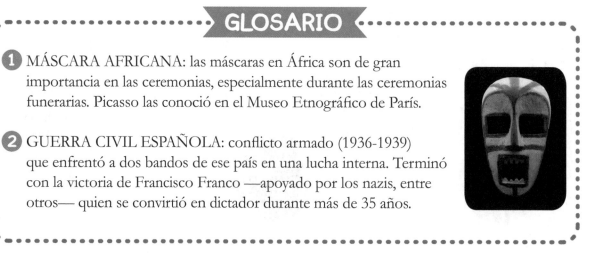

1 MÁSCARA AFRICANA: las máscaras en África son de gran importancia en las ceremonias, especialmente durante las ceremonias funerarias. Picasso las conoció en el Museo Etnográfico de París.

2 GUERRA CIVIL ESPAÑOLA: conflicto armado (1936-1939) que enfrentó a dos bandos de ese país en una lucha interna. Terminó con la victoria de Francisco Franco —apoyado por los nazis, entre otros— quien se convirtió en dictador durante más de 35 años.

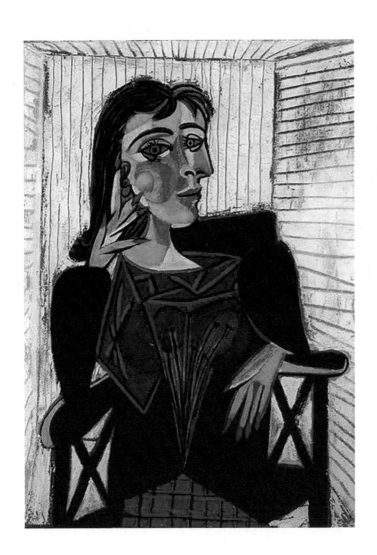

> *Retrato de Dora Maar.*

En 1937, aviones alemanes e italianos bombardearon la ciudad española de Guernica durante la Guerra Civil Española[2]. Picasso pintó el horror de aquel ataque. En 1940, el embajador nazi en Francia, Otto Abetz —quien era aficionado al arte moderno a pesar de las críticas de Hitler—, lo visitó en su taller de París y vio la pintura. Abetz se maravilló: «¡Es lo mejor que ha hecho usted hasta ahora!». Picasso le respondió: «Esto no lo he hecho yo; lo han hecho ustedes».

«Pintar como los pintores del Renacimiento me llevó unos años; pintar como los niños me llevó toda la vida».

Pablo Picasso

¿QUÉ OBSERVAMOS?

La simplificación de la figura y los objetos a planos geométricos.

El uso de la perspectiva múltiple para mostrar los ojos, la nariz, las manos.

Los colores del rostro que marcan las luces que iluminaron la cara de la modelo a distintas horas, según las recordó el pintor.

SALVADOR DALÍ

> Detalle de *Huevos al plato sin el plato*.

El Surrealismo

El fundador del Surrealismo fue el poeta francés André Breton en 1916. Se basó en las teorías sobre el inconsciente[1], que aparece, por ejemplo, en los sueños. Para los surrealistas, allí se revelan relaciones secretas entre la realidad y la persona. Ellos trasladaban las imágenes del inconsciente al arte tratando de no respetar las leyes de la razón, como ocurre con objetos que desafían la gravedad[2].

Rarezas de un genio

Salvador Dalí (1904-1989) nació en España. Sus padres lo alentaron desde pequeño a estudiar pintura, por lo que dominaba todas las técnicas. Pronto se hizo famoso por sus cuadros y, también, por sus rarezas: su bigote rígido que debía marcar las diez y diez, el uso de una capa y su gusto por el lujo, entre otras.

El paisaje del sueño

Dalí trabajaba observando la realidad que, de pronto, le revelaba un aspecto oculto, una relación con su inconsciente. En sus cuadros, se reconocen los objetos cotidianos, pintados con mucho realismo, pero en situaciones tan extrañas que producen una confusión en el observador. El contraste entre luces y sombras acentúa sus paisajes oníricos[3].

La persistencia de la memoria

Dalí pintó este cuadro al óleo en 1931. Mide 24,1 x 33 cm y pertenece al Museo de Arte Moderno, de Nueva York. El tema del cuadro es la memoria, que sirve para marcar y ordenar el paso del tiempo. Sin embargo, en los sueños, algo que sucedió hace mucho se recuerda con claridad y, por el contrario, lo reciente puede haberse diluido. El tiempo del inconsciente no es rígido, sino blando como los relojes del cuadro.

GLOSARIO

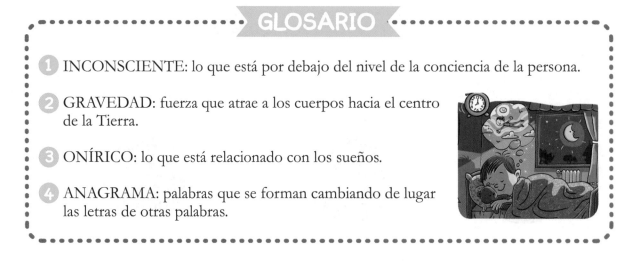

1 INCONSCIENTE: lo que está por debajo del nivel de la conciencia de la persona.

2 GRAVEDAD: fuerza que atrae a los cuerpos hacia el centro de la Tierra.

3 ONÍRICO: lo que está relacionado con los sueños.

4 ANAGRAMA: palabras que se forman cambiando de lugar las letras de otras palabras.

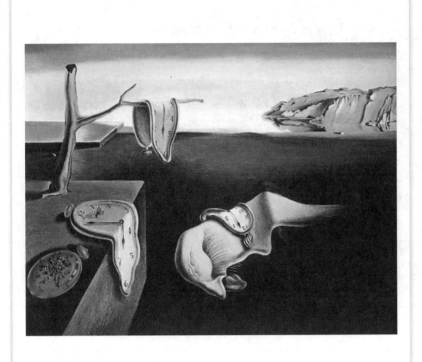

> *La persistencia de la memoria.*

«A la edad de 6 años quería ser cocinero. A los 7 quería ser Napoleón. Y mi ambición ha crecido constantemente desde entonces».

Salvador Dalí

»» »» »»

Ávida Dollars

André Breton armó este anagrama[4] con su nombre —Salvador Dalí— para criticarlo por su gusto excesivo por el dinero. Por ejemplo, Dalí pagaba en los restaurantes con cheques sobre los cuales hacía algún dibujo: suponía que los dueños del negocio lo guardarían como una obra de arte, en vez de cobrarlo, y en la mayoría de los casos no se equivocaba.

Tal vez, por este rasgo de su personalidad, en la exitosa serie española *La casa de papel*, los protagonistas usaron una máscara con su rostro.

¿QUÉ OBSERVAMOS?

Objetos de la realidad combinados en situaciones imposibles: el árbol que nace de una especie de mueble, los relojes que se derriten.

La figura de un rostro deformado, con el ojo cerrado de enormes pestañas. Aparece en otros cuadros y se inspiró en una roca cercana a su casa.

El reloj atacado por las hormigas, insectos que representaban la destrucción y la muerte para el pintor.

SONIA DELAUNAY

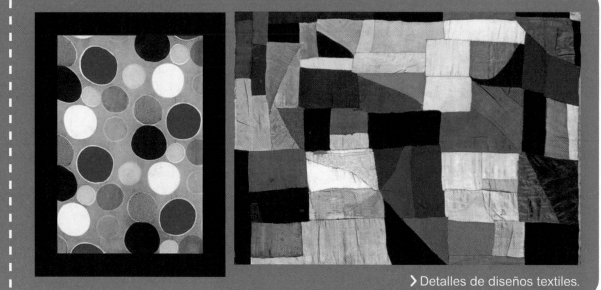

> Detalles de diseños textiles.

El Simultaneísmo

El Cubismo había representado las figuras desde distintas perspectivas en forma simultánea. En el arte abstracto, la representación se centró en los colores. Los colores se ubican formando un diseño dinámico que es registrado de manera simultánea. Como resultado, los colores yuxtapuestos[1] cambian: se acentúan o atenúan, por ejemplo. Robert Delaunay, esposo de Sonia, propuso el término «simultaneísmo» para sus obras.

Alta costura

Sonia Delaunay (1885-1979) nació en Ucrania, pero se nacionalizó francesa y cambió su apellido —Stern— por Delaunay, que era el de su marido. Él la impulsó a llevar el arte a los objetos cotidianos. En Madrid, la artista fundó Casa Sonia, una exitosa tienda de moda que fabricó ropa para la alta sociedad española y las actrices de cine.

El arte en la vida cotidiana

Sus comienzos estuvieron relacionados con la pintura, pero Sonia Delaunay llevó el Simultaneísmo al diseño de telas, sombrillas, vestimenta, vestuario para obras teatrales, interiorismo[2] e incluso tuneó[3] algunos automóviles. El arte dejó las galerías y los museos para estar en los hogares y en las calles.

Ilustración de moda

Aunque creó telas y modelos de vestimenta, Sonia Delaunay no fue una diseñadora común y corriente, pues no seguía los dictados de la moda, sino su propia visión artística. La obra que se presenta aquí es una ilustración con un modelo de su creación. En general, para confeccionar los «vestidos simultáneos» —como ella los llamaba—, las telas se pintaban a mano en su taller y se cosían formando un *patchwork*[4].

GLOSARIO

1 YUXTAPUESTO: lo que está colocado junto a otra cosa.

2 INTERIORISMO: decoración del espacio interior de las viviendas.

3 *TUNEAR*: adaptar algo al gusto personal o mejorarlo.

4 *PATCHWORK*: técnica que consiste en unir retazos de distintas telas.

> Ilustración de moda.

«Cuando el arte está dentro de ti, puede estar en cualquier sitio».

Sonia Delaunay

El problema de los colores

El Simultaneísmo se basó en la teoría de los colores ideada por Michel Chevreul en el siglo XIX. Este químico francés era director de una fábrica de telas, donde recibía montones de quejas porque los clientes aseguraban que habían solicitado un color, y el resultado era otro. Chevreul controló los pigmentos, pero las protestas seguían. Así se dio cuenta de que el problema estaba en la influencia que ejercían unos colores sobre otros. Por ejemplo, en la imagen, los rectángulos parecen de dos grises diferentes —uno más oscuro que el otro— y, sin embargo, son iguales.

¿QUÉ OBSERVAMOS?

Los colores planos, sin matices, ni sombras. Son colores plenos de luz.

Cómo el mismo color parece diferente al estar ubicado junto a distintos colores.

Las franjas que forman un ritmo al combinarse en un zigzag que sigue las curvas del cuerpo.

FRIDA KAHLO

> Detalle de *Raíces*.

Una vida retratada

Aunque André Breton clasificó las obras de Frida Kahlo dentro del Surrealismo, ella siempre se opuso a pertenecer a ese movimiento artístico. Sus pinturas no muestran ambientes de sueños o asociaciones libres del inconsciente, sino que representan escenas de su propia vida combinadas con sus sentimientos, sus dolores, sus miedos.

El arte que nace del dolor

Frida Kahlo (1907-1954) nació en México, y su vida estuvo marcada por el dolor. Además de haber tenido poliomielitis a los 6 años, en 1925 un accidente en un autobús le produjo heridas tan graves que debió someterse a más de treinta operaciones. Durante su larga internación, Frida comenzó a pintar. En 1929, se casó con el muralista[1] Diego Rivera, con quien mantuvo una relación muy conflictiva.

El Mexicanismo

Frida participó —junto a Rivera— en un grupo de artistas que buscaba integrar la cultura popular e indígena de México. A partir de entonces, se vistió con ropas inspiradas en el folklore mexicano. Esta vestimenta aparece en sus cuadros junto con elementos propios de esa cultura: caracoles, vegetación selvática y colores muy intensos.

Autorretrato con mono

La biografía de Frida Kahlo y su obra están indisolublemente unidas, por eso, entre sus cuadros hay muchísimos autorretratos[2]. El que se muestra aquí es de 1940, mide 55,2 x 43,5 cm y pertenece a una colección privada. Fue pintado con óleo sobre masonita[3]. Como en otros autorretratos de Frida, aparecen animales exóticos —como el mono araña— que habitaban en la Casa Azul[4].

GLOSARIO

1 MURALISTA: artista que pinta sobre un muro, una pared.

2 AUTORRETRATO: retrato que un artista hace de sí mismo.

3 MASONITA: tabla dura de fibras de madera comprimidas por vapor.

4 CASA AZUL: casa de la familia Kahlo en la que vivió Frida hasta su muerte. En la actualidad es un museo.

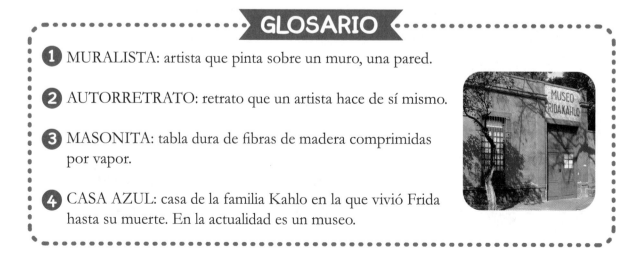

> Autorretrato con mono.

¿QUÉ OBSERVAMOS?

La vestimenta propia de la tradición mexicana que combina diferentes telas y colores.

El lazo rojo que envuelve su cuello y el del animal, como un reguero de sangre, para expresar su dolor y el amor que los une. Diego Rivera le había regalado ese mono.

Las cejas y la insinuación del bigote, rasgos masculinos que Frida exageraba. Muestran sus ideas sobre la igualdad de la mujer frente al varón.

VICTOR VASARELY

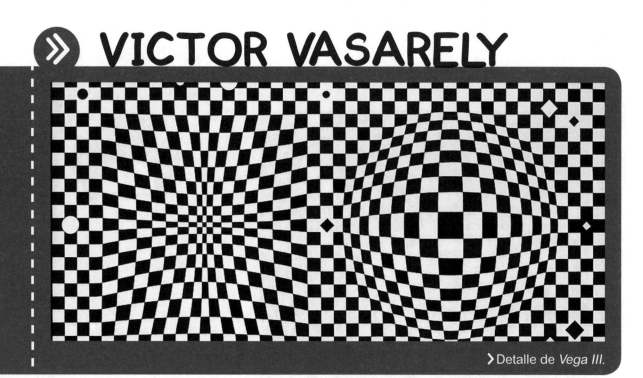

❯Detalle de *Vega III*.

El *Opt Art*

También llamado «Arte Óptico», es una variante del Arte Abstracto que causa ilusiones visuales. Se basa en patrones❶ de líneas y figuras geométricas que producen una sensación de volumen, vibración, movimiento. El creador del *Opt Art* fue Victor Vasarely.

Un arte para todos

Victor Vasarely (1908-1997) nació en Hungría. Se interesó por la ciencia, la astronomía y el arte abstracto. En París desarrolló el *Opt Art* e impuso su idea de compartir la obra artística con toda la sociedad: hacía numerosas serigrafías❷ que permitían que sus cuadros se multiplicaran sin perder la calidad y llegaran a más personas. Fue muy criticado porque cuestionaba el concepto de un cuadro como una obra única.

La tercera dimensión

Las primeras obras de Vasarely estaban pintadas en blanco y negro. A partir de 1960, el artista incorporó el color. Usó colores contrastantes con luces y sombras para crear falsos volúmenes en los que se juega con el fondo y la figura. La consecuencia es un espacio de tres dimensiones —ancho, alto y volumen— que se mueve. Se ven resultados diferentes si el espectador se ubica, por ejemplo, a la izquierda o a la derecha.

Vega-Fel

Pertenece a la serie *Vega* (1971) compuesta por ocho obras inspiradas en la estrella de ese nombre que se ve durante el verano en el hemisferio norte. En la obra se observa una falsa figura tridimensional, un globo que se sale del cuadro, una perfecta ilusión óptica que parece moverse.

GLOSARIO

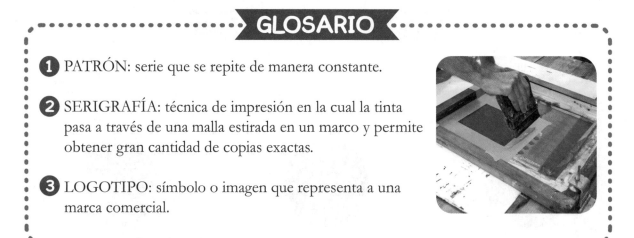

❶ PATRÓN: serie que se repite de manera constante.

❷ SERIGRAFÍA: técnica de impresión en la cual la tinta pasa a través de una malla estirada en un marco y permite obtener gran cantidad de copias exactas.

❸ LOGOTIPO: símbolo o imagen que representa a una marca comercial.

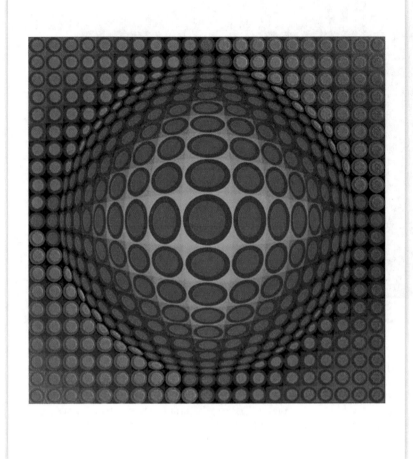

> Vega-Fel.

«[Muestro] Mundos que hasta ahora han escapado a la investigación de los sentidos: la bioquímica, las ondas, los campos, la relatividad».

Victor Vasarely

El *Opt Art* en Renault

En 1972, la fábrica de autos Renault contrató a Vasarely para rediseñar el logotipo[3] de la empresa, que era un rombo amarillo con el nombre de la marca al que llamaban «el diamante». El artista usó el amarillo como fondo y creó un patrón de líneas que invierten el negro y el blanco en los lados del diamante para dar la ilusión de movimiento. Además, quitó el nombre de la empresa. Fue una imagen tan exitosa que Renault la utilizó en sus automóviles durante 20 años.

¿QUÉ OBSERVAMOS?

El uso de un número limitado de colores (rojo, azul, verde) y las luces y sombras.

La composición geométrica central, un círculo dentro de un cuadrado que se deforma en todas las direcciones para crear la ilusión de volumen.

El uso exclusivo de formas geométricas muy simples.

> Detalle de *Mick Jagger.*

El *Pop Art*

Este movimiento artístico surgió a mediados del siglo XX. Es la época en la que se expanden los medios masivos de comunicación[1], y los artistas se inspiran en los objetos cotidianos que son populares[2], como la publicidad, los cómics o las latas de alimentos. Quieren un arte que sea comprendido por todos.

Un fabricante de arte

Andy Warhol (1928-1987) nació en Estados Unidos y se formó como ilustrador de revistas y publicista. Fundó un estudio de arte llamado *The Factory* («La Fábrica») donde reunía a sus colaboradores. Ellos hacían las copias y variaciones de color en sus serigrafías, siguiendo sus indicaciones. Fue muy criticado por hacer obras de arte en serie, como si fueran productos de consumo masivo.

Cultura popular

Las obras de Warhol muestran la cultura popular estadounidense. Hizo montones de retratos de las estrellas del espectáculo, como Mick Jagger o Marilyn Monroe. También, seleccionó los objetos más representativos: los billetes de dólar, las sopas enlatadas Campbell, la manzana Macintosh.

Tres botellas de Coca-Cola

En la década de 1960, la botella de Coca-Cola fue una figura repetida en el arte de Warhol, quien afirmaba: «[…] Estados Unidos ha iniciado una tradición en la que los consumidores más ricos compran esencialmente las mismas cosas que los más pobres». La Coca-Cola era una de esas cosas, pero era un tema impensado hasta entonces en el mundo del arte.

GLOSARIO

1 MEDIOS MASIVOS DE COMUNICACIÓN: los que transmiten contenidos a muchas personas al mismo tiempo, por ejemplo, la radio y la televisión.

2 POPULAR: lo que es conocido por todo el público en general.

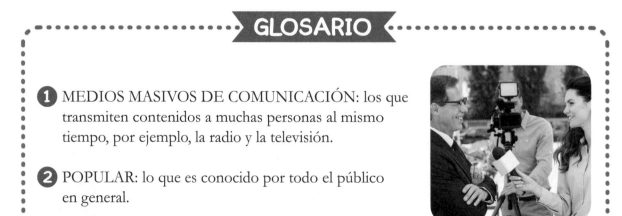

>*Tres botellas de Coca-Cola.*

Quince minutos de fama

Usamos esta frase cuando los medios de comunicación le prestan atención a alguien que no es famoso. Andy Warhol fue quien afirmó que, en un futuro, todos tendríamos la oportunidad de tener esos quince minutos de fama. Su visión era correcta si pensamos en los *reality shows*, en los videos que graban los celulares y se muestran por televisión, en los canales de YouTube o en quienes suman *likes* en Facebook o Instagram. Nada de esto existía en su época, pero Warhol conocía el alcance de los medios como nadie.

«La inspiración es la televisión».

Andy Warhol

¿QUÉ OBSERVAMOS?

La repetición de la botella. Warhol usaba una cámara que hacía fotografías instantáneas y luego trabajaba sobre copias.

El dibujo de líneas sobre las botellas fotografiadas, una estrategia del diseño publicitario.

El logotipo de la empresa, que le da a la obra el aspecto de un cartel comercial.

ROY LICHTENSTEIN

> Detalle de *En el auto*.

Pop Art y cómics

Andy Warhol y Roy Lichtenstein fueron los creadores del *Pop Art*. Se apropiaron de imágenes para generar nuevas obras. Warhol mostró productos de supermercado y artistas; Lichtenstein, en cambio, se volcó al mundo de los cómics.

El amor y la guerra

Roy Lichtenstein (1923-1997) nació en Nueva York, Estados Unidos. Estudió arte desde pequeño y trabajó como ilustrador y publicista en avisos para revistas y *posters* para la vía pública. En la Segunda Guerra Mundial, participó en un entrenamiento como piloto. Aunque no llegó a combatir, la guerra se convirtió en uno de los temas más importantes de su arte, junto con el romance, como contraposición[1].

En clave de cómic

Sus obras son de gran tamaño, como los carteles callejeros. Tomaba imágenes de las historietas, las proyectaba sobre un lienzo y las modificaba para lograr una nueva composición. Imitaba la trama de las impresiones económicas de las revistas de historietas —los puntos *benday*[2]— con una malla de puntos grises sobre blanco que le servían de fondo.

Whaam!

Este díptico[3] de 1,72 x 4,21 m fue pintado en 1963 y se encuentra en la galería Tate Modern. El artista usó pintura en aerosol para autos. Es una narración de guerra en la que el avión de la izquierda lanza un cohete que impacta en el avión de la derecha y produce el sonido que menciona el título —*Whaam!*—. Es una onomatopeya, imitación de sonidos con palabras, muy común en las historietas.

GLOSARIO

1 CONTRAPOSICIÓN: lo que destaca características opuestas entre dos objetos.

2 PUNTOS *BENDAY*: sistema de impresión con puntos de color creado por el ilustrador Benjamin Day en 1879. En las historietas que se imprimían sobre papel de poca calidad estaban a la vista. Equivale a las imágenes pixeladas de las pantallas actuales.

3 DÍPTICO: pintura que ocupa dos paneles.

Los odiados cómics

En la década de 1950, los cómics fueron acusados de impulsar a los jóvenes a cometer delitos. En los años siguientes, se los clasificó como los libros de mayor pobreza intelectual. A pesar de eso, Lichtenstein los convirtió en obras de arte. En una entrevista de 1963, el artista afirmó: «Todo el mundo colgaba cualquier cosa. Casi se podía colgar un trapo empapado de pintura, porque todos estaban acostumbrados a este tipo de cosas. El arte comercial [o *pop art*] era lo único que todos odiaban. Pero, según parece, tampoco lo odiaban lo suficiente».

«[...] la generación anterior intentaba alcanzar su subconsciente, mientras que los artistas pop intentamos distanciarnos de nuestra obra».

Roy Lichtenstein

❯ *Whaam!*

¿QUÉ OBSERVAMOS?

La incorporación de texto en el cuadro: «Presioné el control de disparo y delante de mí ardieron los cohetes en el cielo», característico de las historietas.

El uso del amarillo en la acción del primer panel (en el globo de diálogo y el disparo) y su consecuencia en el segundo panel (la onomatopeya y el impacto).

La cuadrícula de puntos que imitaban los *benday*. Los hacía con una plantilla, una plancha de metal agujereada, sobre la que extendía la pintura.

ANTONIO BERNI

❯ Detalle de *Desocupados*.

El Realismo Social

El Realismo abarca toda la pintura que permite al espectador reconocer los objetos, personas, paisajes representados en el cuadro. Cuando se trata de temas que se relacionan con los problemas de la sociedad, se lo denomina «Realismo Social». Por ejemplo, el cuadro *Desocupados*, de Antonio Berni, muestra la desesperación por la falta de trabajo en la Argentina de la década de 1930.

Un pintor con sensibilidad social

Antonio Berni (1905-1981) nació en Rosario, provincia de Santa Fe, Argentina. A los 25 años expuso sus primeros cuadros, que recibieron críticas favorables en los diarios de la época. En París, conoció y practicó el Surrealismo, pero a su regreso al país, las condiciones miserables y la pobreza de los suburbios[1] lo hicieron volcarse al Realismo Social.

El retrato de la pobreza

En las obras de Berni predominan los retratos, sobre todo, de personas que viven en la miseria. No son modelos que posaron para él; el artista recorría los suburbios de las ciudades y hacía bocetos con los cuales componía sus personajes. A sus pinturas, les agrega la técnica del *collage* con la que incorpora elementos propios del ambiente en el que se mueve cada personaje.

Juanito Laguna remontando un barrilete

Este cuadro es de 1973 y mide 1,92 x 1,09 m. Berni pintó con óleos y compuso el *collage* sobre una madera. Juanito Laguna es un niño de los suburbios. El paisaje muestra la pobreza de las casillas chatas de un barrio precario[2], un arroyo de aguas sucias y un basural: el lugar donde este niño juega, como lo haría cualquier otro en una plaza de la ciudad.

GLOSARIO

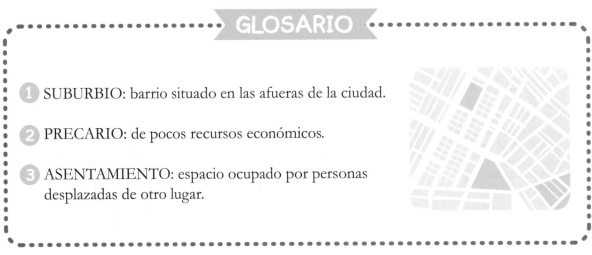

1 SUBURBIO: barrio situado en las afueras de la ciudad.

2 PRECARIO: de pocos recursos económicos.

3 ASENTAMIENTO: espacio ocupado por personas desplazadas de otro lugar.

> Juanito Laguna remontando un barrilete.

»» »» »»

Villa

Nombre con el que se denomina en Argentina a los asentamientos[3] precarios que carecen de infraestructura y servicios básicos, como agua, cloacas, electricidad o recolección de residuos. Las primeras villas se formaron en la década de 1930, cuando la falta de trabajo desplazó a las personas hacia las ciudades. Durante la década de 1970, la dictadura militar en Argentina expulsó a muchos habitantes de las villas de la Ciudad de Buenos Aires hacia el conurbano, donde se asentaron. Allí, Berni encontró inspiración para sus cuadros.

«El artista, el escritor, tienen que estar en la calle y meter la calle en los libros y en los cuadros».

Antonio Berni

¿QUÉ OBSERVAMOS?

Al personaje, Juanito Laguna, concentrado en su barrilete multicolor, tan acostumbrado a la basura que lo rodea que no le presta atención.

El *collage* con el que hizo el basural donde se aprecian latas, papeles y elementos tecnológicos descartados por personas de otras clases más pudientes.

El humo, producto de la contaminación de las fábricas que se instalaban en los suburbios.

ENTRENAMIENTO VISUAL

La ilustración muestra el rostro de Pablo Picasso. ¿Qué partes del retrato están en el margen? Recuádralos en la ilustración.

CRUCIGRAMA ILUSTRADO

Escribe los apellidos de los pintores según sus obras.

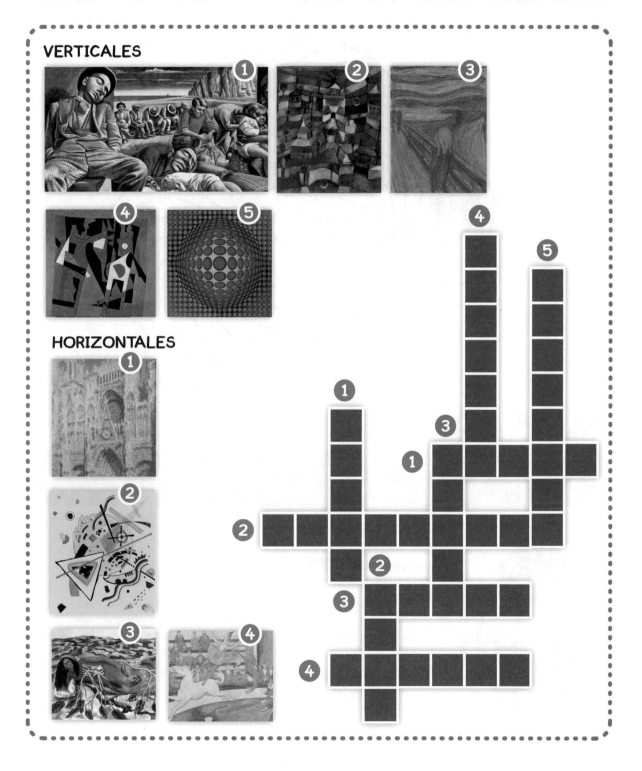

VERTICALES

HORIZONTALES

EXPERIMENTANDO EL *OPT ART*

Continúa pintando la serie con los dos colores intercalados
hasta el final. ¡Verás que la figura se mueve!

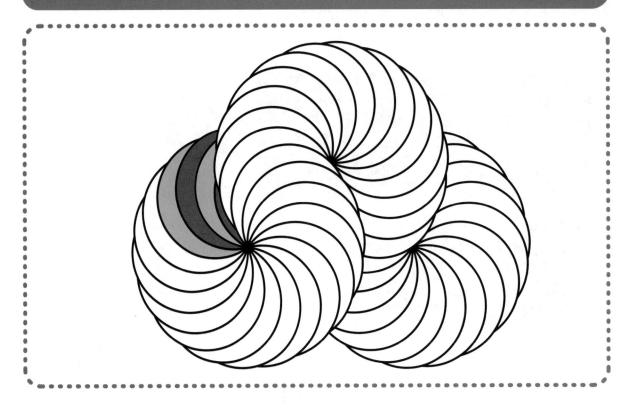

PALABRAS DE SABIO

Anota las palabras del recuadro en forma ordenada para leer
una frase de Leonardo Da Vinci.

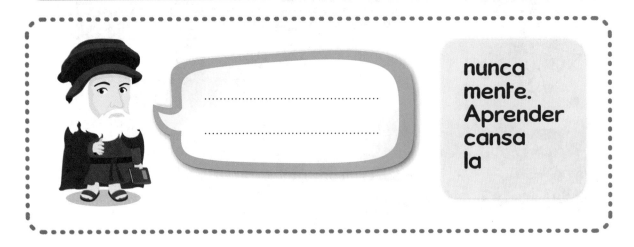

nunca
mente.
Aprender
cansa
la

≫ Soluciones

ENTRENAMIENTO VISUAL

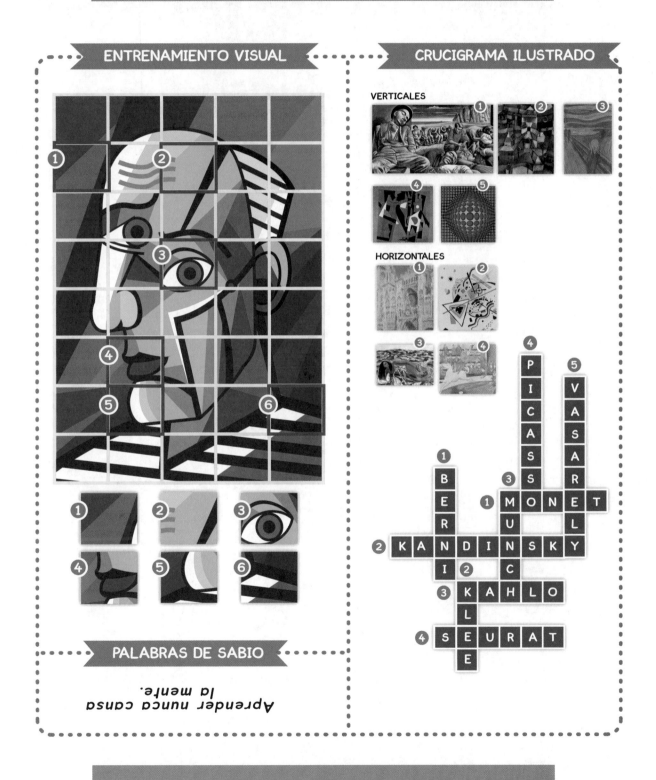

CRUCIGRAMA ILUSTRADO

VERTICALES

HORIZONTALES

PALABRAS DE SABIO

Aprender nunca cansa la mente.

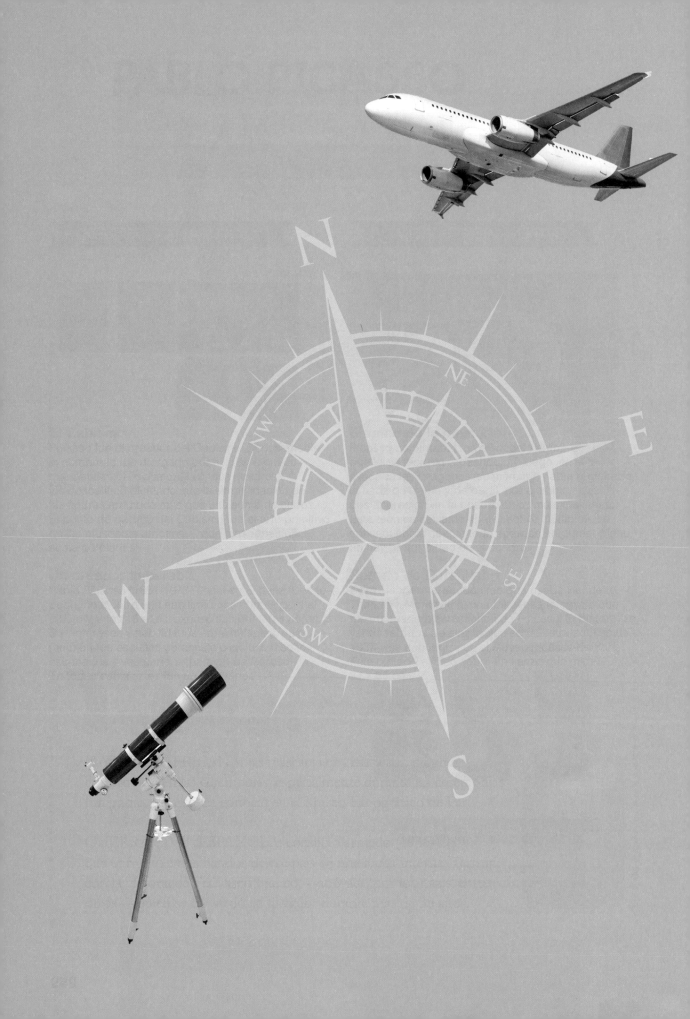

INVENTOS

**Todo sobre la historia
de los inventos**

LA RUEDA

Invención colectiva

Algunos inventos tienen un autor conocido quien, muchas veces, lo patenta[1], pero otros son producto de los avances y experiencias de los grupos sociales y, por lo tanto, no se le pueden atribuir a nadie en particular, como ocurre con la rueda.

¿Dónde se inventó la rueda?

El primer documento que registra un carro con ruedas es el mosaico llamado *Estandarte*[2] *de Ur* (2000 a. C.) perteneciente a los sumerios, una civilización de la Mesopotamia asiática.

El material

Las primeras ruedas eran de madera maciza, semejantes a platos. Unos mil años más tarde, los egipcios las hicieron con rayos para alivianar el peso y desarrollaron veloces carros de combate.

La importancia

Favoreció el transporte de mercaderías, materiales para la construcción y pasajeros. También se la empleó en alfarería[3] para facilitar la producción de vasijas en un torno[4]. La mayoría de las máquinas modernas la incluyen en sus mecanismos.

GLOSARIO

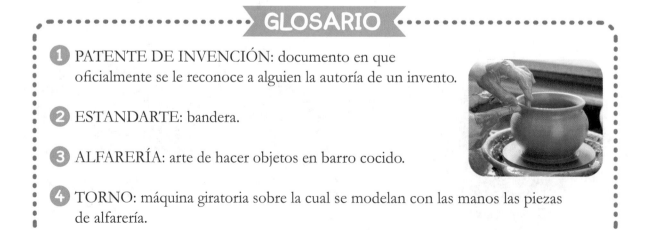

1 PATENTE DE INVENCIÓN: documento en que oficialmente se le reconoce a alguien la autoría de un invento.

2 ESTANDARTE: bandera.

3 ALFARERÍA: arte de hacer objetos en barro cocido.

4 TORNO: máquina giratoria sobre la cual se modelan con las manos las piezas de alfarería.

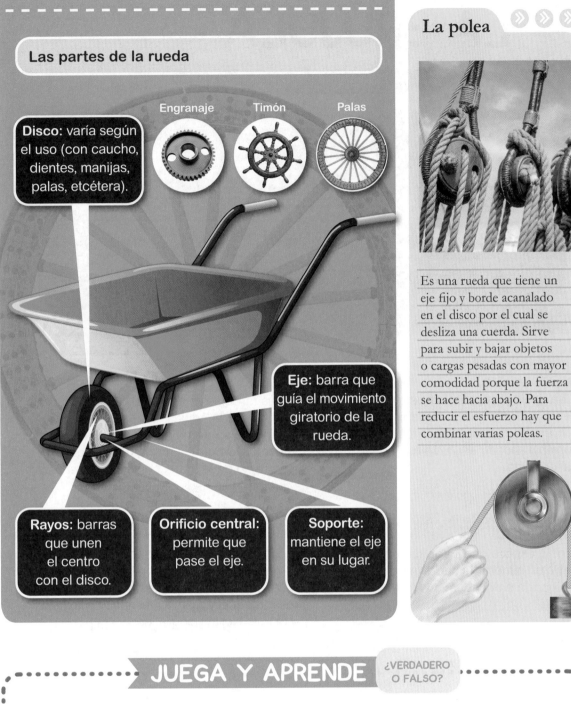

Las partes de la rueda

Disco: varía según el uso (con caucho, dientes, manijas, palas, etcétera).

Engranaje   Timón   Palas

Eje: barra que guía el movimiento giratorio de la rueda.

Rayos: barras que unen el centro con el disco.

Orificio central: permite que pase el eje.

Soporte: mantiene el eje en su lugar.

La polea

Es una rueda que tiene un eje fijo y borde acanalado en el disco por el cual se desliza una cuerda. Sirve para subir y bajar objetos o cargas pesadas con mayor comodidad porque la fuerza se hace hacia abajo. Para reducir el esfuerzo hay que combinar varias poleas.

JUEGA Y APRENDE   ¿VERDADERO O FALSO?

Los egipcios inventaron la rueda.

El *Estandarte de Ur* muestra el primer carro con ruedas.

Las primeras ruedas eran de metal.

No se sabe quién inventó la rueda.

V   F   V   F   V   F   V   F

LA BRÚJULA

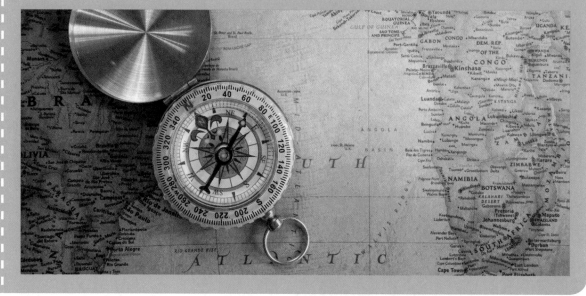

¿Dónde estoy?

La brújula es un aparato que sirve para orientarse en la geografía terrestre. Antes de su invención, se observaban los astros, pero era imposible hacerlo en un día nublado o durante una tormenta.

La primera brújula

La primera mención de este aparato figura en un libro chino. Shen Kuo, un científico del siglo XI, explica que luego de frotar una aguja contra un mineral llamado «magnetita»[1] y colocarla en el agua, su extremo señalaba el norte.

El uso

Más tarde se inventó la brújula seca, pues se colocó la aguja imantada en un eje giratorio sobre un dibujo de la rosa de los vientos. Se gira el aparato hasta que el extremo de la aguja coincide con el norte indicado en el dibujo.

¿Por qué se mueve la aguja?

La Tierra funciona como un gigantesco imán. Los extremos de los imanes se llaman «polos» —norte y sur—, y los opuestos se atraen: en la brújula la aguja es atraída por el polo sur magnético de la Tierra ubicado junto al Polo Norte geográfico.

GLOSARIO

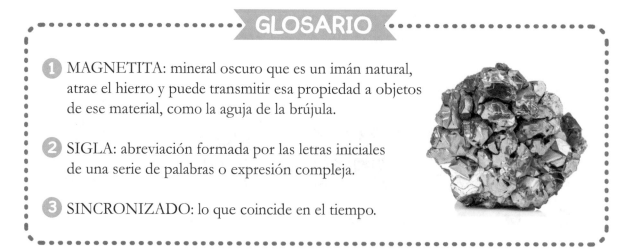

1 MAGNETITA: mineral oscuro que es un imán natural, atrae el hierro y puede transmitir esa propiedad a objetos de ese material, como la aguja de la brújula.

2 SIGLA: abreviación formada por las letras iniciales de una serie de palabras o expresión compleja.

3 SINCRONIZADO: lo que coincide en el tiempo.

Historia de la brújula

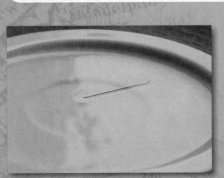

Los chinos usaron una vasija poco profunda con agua para que la aguja imantada se moviera libremente para señalar el norte.

La brújula permitió la navegación de los océanos sin tener la costa a la vista. La rosa de los vientos les permitió ubicar otros puntos cardinales, además del norte.

En la actualidad, las brújulas utilizan una aguja o disco magnetizados dentro de una cápsula llena de aceite para facilitar la movilidad de la aguja. Expedicionarios, alpinistas y aviadores llevan consigo una brújula porque su sistema no requiere de una fuente de energía, a diferencia de los dispositivos con GPS.

El GPS

Es la sigla[2] en inglés de *Global Positioning System* (Sistema de Posicionamiento Global) que se usa en la actualidad para orientarse geográficamente. Una computadora, o un teléfono móvil, emite una señal que se conecta con una red de satélites sincronizados[3] que determinan su exacta ubicación en la Tierra.

JUEGA Y APRENDE ¿VERDADERO O FALSO?

La brújula fue creada por los chinos.

La brújula seca contiene una imagen de la rosa de los vientos.

La aguja de la brújula se mueve por la atracción de las estrellas.

El GPS funciona con el magnetismo terrestre.

V F   V F   V F   V F

LA IMPRENTA DE GUTENBERG

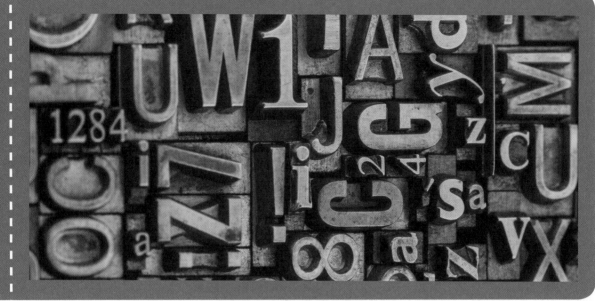

Los libros antes de Gutenberg

Durante la Antigüedad y la Edad Media, los libros se copiaban a mano. Luego se usó la xilografía❶ —un invento chino—, pero era un trabajo tan difícil que solo se imprimían folletos o textos cortos.

El inventor

Johannes Gutenberg nació en Alemania alrededor del año 1400. Se especializó en la fundición de metales e inventó la imprenta de tipos móviles. Para desarrollar su invento pidió dinero prestado que no pudo devolver, por lo que murió en la pobreza en 1468.

La imprenta de tipos móviles

Gutenberg hizo moldes de madera para cada letra por separado y los rellenó con hierro. Alineó las letras del texto sobre la plancha de una antigua prensa de uvas para sujetarlos. Luego la desarmaba y reubicaba los tipos móviles para formar otra página.

Su primer libro

Gutenberg decidió imprimir la *Biblia*. Cuando estaba por finalizar los primeros 150 ejemplares en un tiempo récord, se quedó sin dinero, por lo que su yerno terminó el trabajo. El éxito fue inmediato.

GLOSARIO

❶ XILOGRAFÍA: técnica de impresión con una placa de madera grabada manualmente ahuecando letras e ilustraciones. La placa se entinta y se presiona sobre el papel.

❷ MASIVO: que llega a muchas personas.

¿Cómo era el invento de Gutenberg?

Adaptó una prensa que servía para aplastar uvas.

La plancha se armaba con los tipos móviles formando el texto.

El metal, más resistente que la madera que se usaba en la xilografía, le permitía imprimir copias ilimitadas.

Las ilustraciones se agregaban después de la impresión de manera artesanal con el método de la xilografía.

Página de su *Biblia*.

Invento genial

La imprenta de Gutenberg multiplicó la producción de libros, por lo que la cultura, la ciencia y otros saberes se pudieron compartir en forma económica y masiva[2]. Por su invento, Gutenberg fue elegido como el hombre del milenio por las *Biografías* del canal A&E y un cráter de la Luna lleva su nombre.

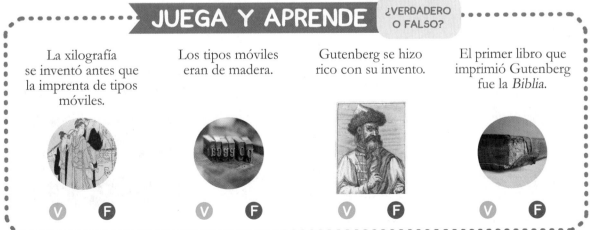

JUEGA Y APRENDE ¿VERDADERO O FALSO?

La xilografía se inventó antes que la imprenta de tipos móviles.

Los tipos móviles eran de madera.

Gutenberg se hizo rico con su invento.

El primer libro que imprimió Gutenberg fue la *Biblia*.

V F   V F   V F   V F

EL TELESCOPIO

Mirando el cielo

«Telescopio» se forma con dos palabras griegas: *tele-* («lejos») y *skope* («visión»). Es un instrumento que permite ver con claridad los astros. Su invención permitió el desarrollo de la Astronomía[1].

La historia

A principios del siglo XVII, en los Países Bajos, se desarrolló un aparato con lentes de aumento para observar objetos lejanos. Sin embargo, fue Galileo Galilei el primero en construir un telescopio para observar los astros.

Galileo Galilei

Nacido en Italia (1564-1642), mejoró la capacidad de aumentar las imágenes que tenía el telescopio. El 7 de enero de 1610 hizo una observación sorprendente para la época: descubrió las cuatro lunas del planeta Júpiter.

La potencia de los telescopios

La potencia de un telescopio depende del diámetro[2] de su lente objetivo, que determina la capacidad para observar una mayor cantidad de detalles de los cuerpos celestes.

GLOSARIO

1 ASTRONOMÍA: ciencia que estudia los astros, sus movimientos y las leyes que los rigen.

2 DIÁMETRO: recta que une dos puntos de una circunferencia pasando por su centro.

3 ORBITAR: moverse debido a la acción gravitacional, descrita por un cuerpo celeste que se mueve en torno a otro.

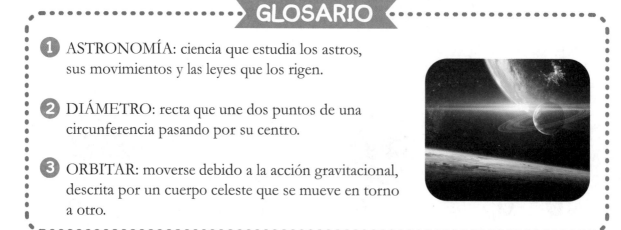

El telescopio espacial Hubble

¿Dónde está?
Desde 1990, orbita[3] alrededor de la Tierra a unos 600 km de distancia del suelo. Se envían misiones de astronautas que lo reparan o mejoran.

¿Cómo es?
Funciona con baterías solares recargables. Pesa 11.000 kg, mide 13,2 m de largo y su diámetro máximo es de 4,2 m.

¿Cuál es su importancia?
Este telescopio espacial envió a los astrónomos imágenes de aproximadamente un millón de objetos celestes. Por ejemplo, fotografió galaxias lejanas, como Antennae.

Igual se mueve

Galileo sostenía que la Tierra giraba alrededor del Sol. En cambio, la Iglesia pensaba que nuestro planeta era el inmóvil centro del universo. Fue condenado por las autoridades eclesiásticas y tuvo que retractarse para salvar su vida, aunque por lo bajo dijo sobre la Tierra: «Pero igual se mueve».

JUEGA Y APRENDE — ¿VERDADERO O FALSO?

Galileo observó con su telescopio que Júpiter tenía cuatro lunas.

V F

La potencia de un telescopio depende del largo de su cuerpo.

V F

El Hubble es un telescopio espacial porque orbita la Tierra.

V F

La Astronomía estudia la superficie terrestre.

V F

LA BICICLETA

Una definición

La bicicleta es un vehículo de dos ruedas para el transporte de personas. Funciona con propulsión humana porque lo impulsa la fuerza del ciclista al pedalear.

La historia

La bicicleta de pedales es creación del escocés Kirkpatrick Macmillan en 1839. Pero tenía ruedas de madera, por lo que vibraba mucho. El inglés John Boyd Dunlop inventó las cámaras[1] de las ruedas infladas con aire y las cubiertas para protegerlas.

Gran variedad

Las bicicletas se diferencian por el uso. Por ejemplo, las todo terreno son pesadas y con ruedas anchas; las de carrera son de aluminio para aligerar el peso, con neumáticos angostos, y el cuerpo del ciclista lleva una postura horizontal para ofrecer menos resistencia al aire.

En las ciudades

En la bicicleta urbana el cuerpo del ciclista conduce erguido[2] y tiene canasto, timbre, luz trasera o reflector. Es un medio de transporte sano, ecológico y económico. En China e India es el principal medio de transporte.

GLOSARIO

1 CÁMARA: en la rueda, tubo en forma de anillo con una válvula para inyectar aire.

2 ERGUIDO: que lleva el cuello y la columna en forma vertical.

Las partes de la bicicleta

- Manubrio
- Cuadro
- Asiento
- Frenos traseros
- Frenos delanteros
- Pedal
- Plato
- Piñón
- Horquilla
- Cadena
- Rueda
  - Llanta
  - Cubierta
  - Rayos
  - Válvula

» » »

La carrera más famosa

El *Tour de France* es una competición que se corre en territorio francés. Está organizada en etapas cuyo número varía cada año, al igual que la cantidad de kilómetros del recorrido. Por ejemplo, en 2018 tuvo 21 etapas en una extensión de 3.351 km.

JUEGA Y APRENDE   ¿VERDADERO O FALSO?

Kirkpatrick Macmillan inventó las cámaras con cubiertas.

V   F

La bicicleta es el principal medio de transporte en China.

V   F

La bicicleta tiene frenos traseros y delanteros.

V   F

Las bicicletas de carrera son las más pesadas.

V   F

LA FOTOGRAFÍA

El daguerrotipo
Louis Daguerre presentó en 1839 la primera cámara fotográfica. Obtenía una imagen en una cámara oscura[1] sobre una placa de plata pulida. La plata, que es sensible a la luz, grababa la imagen. Las personas debían permanecer varios minutos sin moverse para lograr un retrato que se llamó «daguerrotipo».

El negativo
En 1888, la cámara Kodak sustituyó las placas por un rollo de película sensible. La imagen que se obtenía era un negativo[2]. En un laboratorio se empleaban diferentes químicos para lograr una imagen positiva y poder hacer copias.

El objetivo
Es el conjunto de lentes de la cámara fotográfica. Sirven, por ejemplo, para enfocar la imagen, acercarla (proceso que se conoce como «hacer *zoom*») o regular la entrada de la luz.

La fotografía digital
Capta las señales eléctricas de la luz y las codifica para convertirlas en una imagen digital. No necesita película y permite ver la fotografía en una pantalla de manera inmediata. Los teléfonos celulares tienen este tipo de cámaras.

GLOSARIO

1 CÁMARA OSCURA: caja cerrada con un agujero por el que entra la luz; esta reproduce en el fondo una imagen invertida de los objetos que están frente al orificio.

2 NEGATIVO: imagen en la que los claros y los oscuros están reproducidos de manera contraria a como se ven en la realidad.

3 PÍXEL: cada uno de los puntos que forman la imagen en la pantalla.

La cámara digital

Historia
La inventó Steven Sasson en 1975. Tenía el tamaño de una tostadora de pan.

Pantalla
Sirve para ver la fotografía recién tomada o las almacenadas.

Almacenamiento
Se realiza en una tarjeta de memoria, como las desarrolladas por la empresa SanDisk, conocidas como SD.

Conexión
Se puede conectar a una computadora para compartir las fotografías en las redes sociales, como Facebook o Instagram.

Edición
Permite cambiar la saturación de los colores y aplicar filtros para lograr diversos efectos.

Resolución
Indica la calidad de los detalles que se observan en la imagen. Depende de los píxeles[3].

El cine

La cámara de cine es muy semejante a la de fotografía, pero toma una secuencia de imágenes en una tira de película: al pasarlas a velocidad crean en el cerebro la ilusión del movimiento. En 1895, los hermanos Lumière proyectaron la primera película en Francia.

JUEGA Y APRENDE ¿VERDADERO O FALSO?

La cámara fotográfica fue inventada por Daguerre.

V   F

En el negativo los claros y oscuros son idénticos a la realidad.

V   F

El objetivo puede regular la entrada de luz a la cámara.

V   F

Los píxeles indican la resolución de la imagen.

V   F

EL TELÉFONO

Un invento robado

En 1854, el italiano Antonio Meucci desarrolló el teléfono para comunicar su oficina en la planta baja de la casa con el dormitorio del segundo piso, donde estaba su esposa enferma. Sin embargo, su invento fue robado y patentado por la poderosa compañía estadounidense de Alexander Graham Bell.

Reconocimiento al inventor

Meucci reclamó en la justicia, pero el ejército de abogados de la Bell Telephone Company retrasó el proceso, y el inventor murió en la pobreza. Recién en 2002 fue oficialmente reconocido como el verdadero creador del teléfono.

Conexiones

El aparato telefónico se conecta con una entrada en la calle por medio de dos cables de cobre. Reunidos en cables gruesos comprimidos, estos se dirigen a una central telefónica.

¿Cómo funciona?

El teléfono convierte las señales acústicas[1] en energía eléctrica a través de un micrófono. Tiene dos circuitos: el de conversación y el de marcación.

GLOSARIO

1 ACÚSTICO: perteneciente o relativo al sonido.

2 COBERTURA: porción del territorio que abarca el servicio de telefonía.

3 PANTALLA TÁCTIL: la que permite ingresar datos al tocarla.

Teléfono móvil

Los celulares o teléfonos móviles se conectan por medio de radiofrecuencia dentro de un área de cobertura[2] —llamada «celda»— a las antenas que provee una empresa telefónica. Martin Cooper, de la empresa Motorola, fue el creador del primer teléfono celular personal. En la actualidad se usan los inteligentes que suman pantalla táctil[3], capacidad de almacenamiento, conexión a internet y cámara fotográfica y de video, por lo que se asemejan a una computadora.

Las partes del teléfono

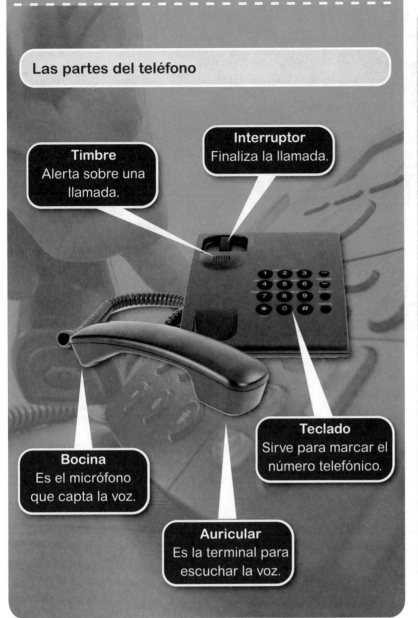

Timbre
Alerta sobre una llamada.

Interruptor
Finaliza la llamada.

Bocina
Es el micrófono que capta la voz.

Teclado
Sirve para marcar el número telefónico.

Auricular
Es la terminal para escuchar la voz.

JUEGA Y APRENDE ¿VERDADERO O FALSO?

Alexander Graham Bell inventó el teléfono.

El teléfono tiene cuatro cables de cobre.

El teléfono convierte la voz en señales eléctricas.

Martin Cooper inventó el teléfono celular.

V F   V F   V F   V F

LA BOMBILLA ELÉCTRICA

La electricidad

Las investigaciones sobre la electricidad comenzaron en el siglo XVIII, pero la generación de la electricidad y su aplicación en la industria se desarrollaron hacia fines del siglo XIX. La electricidad se convirtió en la principal fuerza motriz[1].

¿Cómo funciona?

La bombilla incandescente[2] produce luz a partir de la energía eléctrica. Se ilumina al calentarse un filamento metálico de tungsteno[3] por el paso de la corriente.

¿Quién la inventó?

Aunque varios científicos se atribuyeron la invención de la bombilla eléctrica, fue Thomas Alva Edison quien en 1879 la perfeccionó para poder venderla y logró que permaneciera encendida sin fundirse: usó un filamento de carbono.

Nuevas formas de iluminación

La bombilla incandescente desaprovecha mucha electricidad: transforma el 15% en luz y el 85% en calor. En la actualidad, se usan las lámparas led porque ahorran energía y duran treinta veces más que las incandescentes.

GLOSARIO

1 FUERZA MOTRIZ: la que produce movimiento.

2 INCANDESCENTE: que está enrojecido o blanco por el calor.

3 TUNGSTENO: metal de color gris muy resistente al calor.

Las partes de la bombilla incandescente

Bulbo
Es la envoltura de vidrio.

Filamento.

Alambres
Sujetan el filamento y disipan el calor.

Hilos de contacto con la electricidad.

Gas
Evita que se queme el filamento.

Pie de contacto eléctrico.

Aislamiento eléctrico.

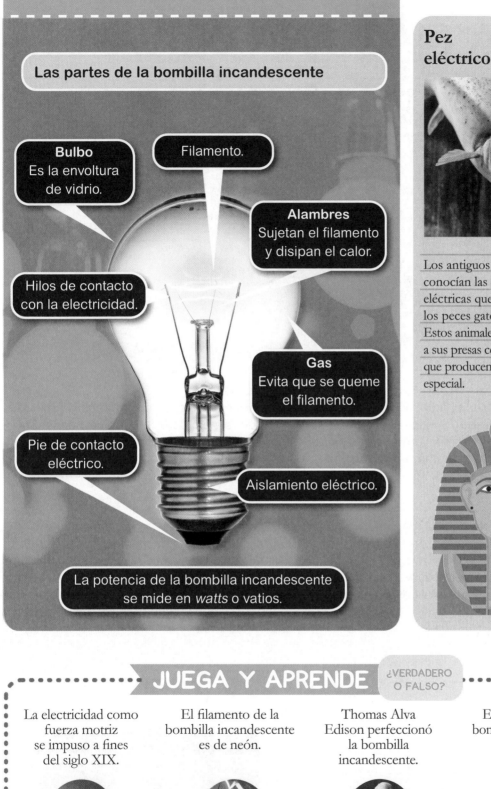

La potencia de la bombilla incandescente se mide en *watts* o vatios.

Pez eléctrico

Los antiguos egipcios conocían las descargas eléctricas que producían los peces gato del río Nilo. Estos animales electrocutan a sus presas con una descarga que producen con un órgano especial.

JUEGA Y APRENDE

¿VERDADERO O FALSO?

La electricidad como fuerza motriz se impuso a fines del siglo XIX.

V F

El filamento de la bombilla incandescente es de neón.

V F

Thomas Alva Edison perfeccionó la bombilla incandescente.

V F

El bulbo de la bombilla contiene líquido.

V F

LA MÁQUINA DE VAPOR

El vapor de agua

Cuando calentamos el agua líquida a 100° C, se convierte en vapor. Si observamos una pava con agua hirviendo, veremos que la tapa se mueve por la fuerza del vapor. Esa energía fue utilizada para impulsar motores.

El inventor

La primera patente de una máquina de vapor es de 1606 y la registró a su nombre el español Jerónimo de Ayanz y Beaumont. Este inventor usó la fuerza del vapor para expulsar el agua contaminada de los túneles de una mina de plata.

James Watt

Este ingeniero mecánico escocés (1736-1819) realizó las mejoras que permitieron el uso industrial de las máquinas de vapor, porque las convirtió en una forma sencilla y económica de producir energía.

La Revolución Industrial

Antes de la aparición de la máquina de vapor, el trabajo se hacía manualmente o con animales. Su desarrollo permitió impulsar las máquinas de las fábricas, las locomotoras y los barcos. Produjo un cambio tan grande en el siglo XIX que se lo denominó «Revolución Industrial».

GLOSARIO

1 CALDERA: recipiente de metal, de gran tamaño, que sirve para calentar algo.

2 PISTÓN: pieza que se mueve alternativamente en el interior del cilindro de una máquina.

El motor de vapor de James Watt

5 La fuerza del pistón acciona los mecanismos para mover la rueda de transmisión.

4 El vapor sube por un cilindro y mueve un pistón❷ hacia arriba y hacia abajo.

6 La rueda de transmisión se llama así porque transmite el movimiento a otros mecanismos y es una de las mejoras desarrolladas por Watt.

3 El calor evapora el agua.

1 Se prende fuego con carbón en una caldera❶.

2 El humo sale por la chimenea.

» » »

Apuesta ferroviaria

Richard Trevithick impulsó por primera vez un vehículo de ruedas con un motor a vapor. Pero gracias a un desafío del herrero Samuel Homphray, quien apostó que la máquina podría arrastrar diez toneladas de peso si circulaba sobre los rieles del tranvía, Trevithick construyó la primera locomotora de vapor. El 21 de febrero de 1804, su máquina concretó la hazaña y ganaron la apuesta.

JUEGA Y APRENDE — ¿VERDADERO O FALSO?

El vapor de agua se usó como energía para impulsar diferentes máquinas.
V F

La patente de la máquina de vapor fue registrada por Ayanz y Beaumont.
V F

James Watt descubrió la fuerza del vapor de agua.
V F

La fuerza de trabajo de los animales impulsó la Revolución Industrial.
V F

EL AUTOMÓVIL

El inventor

Fue el alemán Karl Friedrich Benz en 1886. Dos años más tarde, se realizó el primer viaje largo, un recorrido de 100 km. Fue una hazaña porque la velocidad máxima era de 20 km/h, y la nafta se vendía en botellitas de poca cantidad en las farmacias.

El motor de combustión interna

Fue el que posibilitó el desarrollo del automóvil: dentro de los cilindros[1] se produce la combustión de la nafta que se transforma en energía mecánica. Más tarde, se inventaron los motores que funcionan con diésel y con gas natural comprimido (GNC).

El motor del futuro

Las empresas están desarrollando automóviles con motor eléctrico porque los combustibles fósiles[2] tienen reservas limitadas y contaminan la atmósfera con las emisiones de gas de los motores que los usan. Los eléctricos no contaminan el medioambiente.

La producción

Los primeros automóviles se construían a mano. Pero en 1904, Henry Ford comenzó a fabricar su modelo *Ford T* en una cadena de montaje[3]. En veinte años, Ford produjo 15 millones de automóviles.

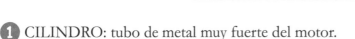

GLOSARIO

1 CILINDRO: tubo de metal muy fuerte del motor.

2 COMBUSTIBLE FÓSIL: el que se obtiene de los restos de animales y plantas de otras eras, como el petróleo, base de la nafta y el diésel.

3 CADENA DE MONTAJE: línea de producción en la que cada trabajador se ocupa de acoplar una pieza del producto.

El tablero del automóvil

El tablero del automóvil es diferente en cada modelo, pero algunos símbolos aparecen en todos ellos.

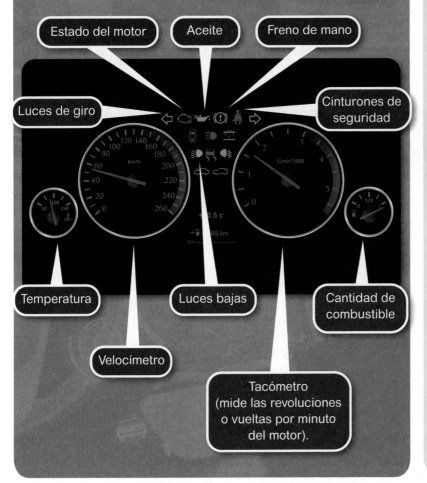

Estado del motor

Aceite

Freno de mano

Luces de giro

Cinturones de seguridad

Temperatura

Luces bajas

Cantidad de combustible

Velocímetro

Tacómetro (mide las revoluciones o vueltas por minuto del motor).

Máxima velocidad

En la actualidad, el auto más veloz del mundo es el deportivo Agera RS, del fabricante sueco Koenigsegg. Este automóvil posee únicamente dos asientos y alcanza los 437 km/h. Solo se fabricaron veinticinco unidades de tan exclusivo modelo.

JUEGA Y APRENDE ¿VERDADERO O FALSO?

Henry Ford inventó el automóvil.

V   F

Los primeros automóviles tenían motores de combustión interna.

V   F

El motor eléctrico no contamina el medioambiente.

V   F

La cadena de montaje redujo la producción de automóviles.

V   F

LA RADIO

Las ondas electromagnéticas

Fueron descubiertas por Heinrich Hertz en 1886. En su honor, la unidad de medida de propagación[1] de esas ondas —o frecuencia— es el *hertz* o hercio (Hz). El ingeniero italiano Guglielmo Marconi usó ese y otros descubrimientos para crear la primera radio.

La primera transmisión

La radio fue usada primero en la marina porque, a diferencia del telégrafo[2], no necesitaba cables. La primera transmisión se realizó en la Navidad de 1906, desde Estados Unidos. Los marinos de altamar escucharon a un violinista tocando un villancico.

El transistor

Los aparatos de radio fueron grandes y caros hasta la década de 1940, cuando se inventó el transistor. Este permitió fabricar radios más económicas y pequeñas porque cumple varias funciones, como la de amplificador.

La calidad de la transmisión

Las emisoras de radio transmiten en dos bandas de frecuencia: amplitud modulada (AM) y frecuencia modulada (FM). La AM es más sencilla y requiere de una antena externa para su recepción. La FM reproduce un sonido de mejor calidad.

GLOSARIO

1 PROPAGACIÓN: difusión, ampliación.

2 TELÉGRAFO: aparato para transmitir mensajes con el código Morse, un sistema de pulsos cortos y largos. Emite señales eléctricas que, en el siglo XIX, viajaban por alambres. Con el tiempo, estos fueron reemplazados por ondas de radio.

La transmisión radial

El micrófono del estudio radiofónico capta el sonido y lo convierte en pequeñas señales eléctricas.

La antena monta la señal de audio en ondas electromagnéticas a una determinada frecuencia. Este proceso se llama «modulación».

FM

AM

94 96 98 100 102
700 800 1000 12

El aparato receptor de radio desarma la señal descartando las ondas electromagnéticas y amplifica las de sonido.

El dial muestra el conjunto de las frecuencias de transmisión en FM y AM.

» » »

La guerra de los mundos

Esta novela de H. G. Wells cuenta la invasión de los marcianos a la Tierra. El estadounidense Orson Welles hizo una adaptación para la radio y la transmitió en 1938 con efectos especiales de sonido y supuestos reporteros en vivo. Gran parte del público llamó aterrorizado a las autoridades.

JUEGA Y APRENDE ¿VERDADERO O FALSO?

Hertz descubrió las ondas electromagnéticas.

V F

El primer uso de la radio fue para comunicarse con los hogares.

V F

Gracias al transistor se fabricaron radios pequeñas y portátiles.

V F

La AM tiene un sonido de mejor calidad.

V F

LA RADIOGRAFÍA

¿Qué es una radiografía?

Es una imagen del interior del cuerpo que se obtiene cuando este es atravesado por rayos X. Estos rayos son electromagnéticos, es decir, una combinación de los campos eléctricos y magnéticos de la Tierra, como las ondas de radio.

La investigación

En 1895, el físico alemán Wilhelm Röntgen investigaba los rayos catódicos[1]. Al combinarlos con algunos gases comprobó que creaban una radiación invisible que traspasaba algunos objetos. Usó placas de fotografía para mostrar esa transparencia.

El nombre de los rayos

Como no sabía qué eran, Röntgen los bautizó «rayos X», porque con esa letra se indican las incógnitas[2] en las ciencias. En 1901, fue distinguido con el premio Nobel de Física, el primero que se otorgó en esta especialidad.

Aplicación a la medicina

Röntgen inventó un aparato para sacar radiografías. La primera vez radiografió la mano de su esposa. Fue de gran importancia para la medicina porque permitió observar, por ejemplo, fracturas en los huesos, lesiones y enfermedades.

GLOSARIO

1 RAYOS CATÓDICOS: en un conductor eléctrico, es la radiación que surge del polo con carga negativa.

2 INCÓGNITA: elemento o cantidad que se desconoce en un problema. Algo no conocido.

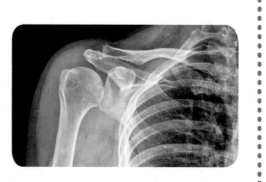

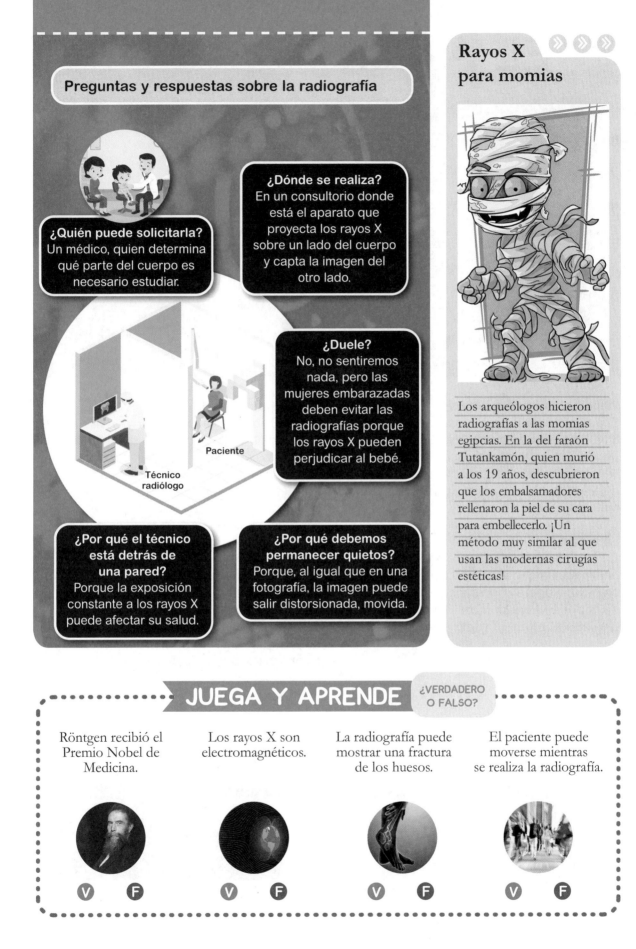

Preguntas y respuestas sobre la radiografía

¿Quién puede solicitarla?
Un médico, quien determina qué parte del cuerpo es necesario estudiar.

¿Dónde se realiza?
En un consultorio donde está el aparato que proyecta los rayos X sobre un lado del cuerpo y capta la imagen del otro lado.

¿Duele?
No, no sentiremos nada, pero las mujeres embarazadas deben evitar las radiografías porque los rayos X pueden perjudicar al bebé.

Paciente

Técnico radiólogo

¿Por qué el técnico está detrás de una pared?
Porque la exposición constante a los rayos X puede afectar su salud.

¿Por qué debemos permanecer quietos?
Porque, al igual que en una fotografía, la imagen puede salir distorsionada, movida.

Rayos X para momias

Los arqueólogos hicieron radiografías a las momias egipcias. En la del faraón Tutankamón, quien murió a los 19 años, descubrieron que los embalsamadores rellenaron la piel de su cara para embellecerlo. ¡Un método muy similar al que usan las modernas cirugías estéticas!

JUEGA Y APRENDE
¿VERDADERO O FALSO?

Röntgen recibió el Premio Nobel de Medicina.

Los rayos X son electromagnéticos.

La radiografía puede mostrar una fractura de los huesos.

El paciente puede moverse mientras se realiza la radiografía.

V F   V F   V F   V F

EL AVIÓN

Principales características

El avión es una máquina para volar, con alas fijas, más pesada que el aire. Para elevarse necesita la sustentación, que es la fuerza que se logra con la forma aerodinámica[1] de las alas, y la tracción o empuje que le dan los motores.

La historia

En 1886, el francés Clément Ader construyó una máquina con alas semejantes a las de un murciélago e impulsada por un motor de vapor. El *Éole*, nombre del avión, pudo elevarse pero en un vuelo descontrolado.

Los primeros vuelos

En 1903, los hermanos Wilbur y Orville Wright lograron un vuelo controlado de 36 metros, a 6 metros de altura. Duró 12 segundos, pero con la ayuda de una catapulta[2] para elevarse. Tres años más tarde, el brasileño Alberto Santos-Dumont realizó el primer vuelo en un avión que se elevaba por sus propios medios.

Clases de aviones

Los aviones se dividen en dos grandes grupos. Los civiles transportan cargas, pasajeros o combaten incendios, por ejemplo. Los de guerra pueden cargar armamento y tropas o atacar desde el aire.

GLOSARIO

1 AERODINÁMICO: con la forma adecuada para evitar la resistencia del aire.

2 CATAPULTA: mecanismo para lanzar un objeto desde una plataforma.

Las partes del avión

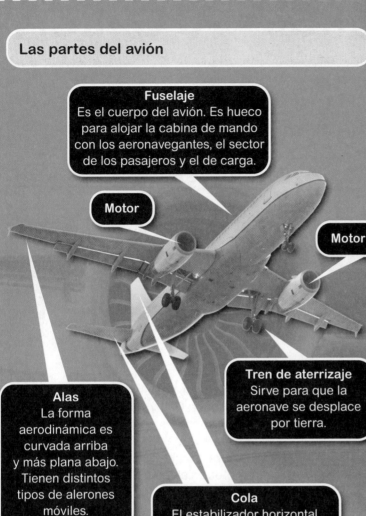

Fuselaje
Es el cuerpo del avión. Es hueco para alojar la cabina de mando con los aeronavegantes, el sector de los pasajeros y el de carga.

Motor

Motor

Tren de aterrizaje
Sirve para que la aeronave se desplace por tierra.

Alas
La forma aerodinámica es curvada arriba y más plana abajo. Tienen distintos tipos de alerones móviles.

Cola
El estabilizador horizontal permite que el avión se incline hacia abajo o hacia arriba en el vuelo. El vertical es para dirigirlo hacia los lados.

Volar con la imaginación

Antoine de Saint-Exupéry (1900-1944) fue un escritor fránces, poeta, periodista y… ¡un aviador pionero! Disfrutaba de iniciar la exploración de nuevas tierras, incluso vivió y trabajó en Argentina para una compañía de correo aéreo. Más tarde, formó parte de las misiones de la aviación francesa durante la Segunda Guerra Mundial. En 1944, durante un vuelo de reconocimiento a bordo de un Lockheed P-38 Lightning, su avión desapareció en el Mediterráneo. El mundo entero lo recuerda por *El Principito* (1943), una inolvidable creación literaria que ha sido traducida a 382 idiomas y dialectos, incluido el braille.

JUEGA Y APRENDE ¿VERDADERO O FALSO?

Los aviones son aeronaves más pesadas que el aire.
V F

Ader realizó el primer vuelo controlado.
V F

Los aviones civiles cargan armamento.
V F

La cabina de mando está en el fuselaje del avión.
V F

LA ENERGÍA ATÓMICA

El átomo
Es la partícula más pequeña en la que se puede dividir un elemento químico[1] sin perder sus propiedades. La palabra «átomo» es de origen griego y significa «indivisible», aunque en él se distinguen un núcleo y elementos como protones, neutrones y electrones.

La energía atómica
Se libera al transformarse y combinarse los elementos del núcleo del átomo. Para lograrla se emplean distintos elementos químicos, como el uranio, el torio y el polonio.

Sus usos
En primer lugar, se usó para construir bombas: en la Segunda Guerra Mundial, Estados Unidos las arrojó sobre las ciudades japonesas Hiroshima y Nagasaki. En la actualidad, se utiliza para impulsar submarinos y, sobre todo, para producir electricidad.

Peligros
Marie Curie (1867-1934) fue una de las primeras en estudiar la radiactividad y advertir sobre sus peligros para la salud. Los sobrevivientes de las bombas en Japón padecieron cáncer y nacieron niños con malformaciones[2] por efecto de la radiación.

GLOSARIO

1 ELEMENTO QUÍMICO: clase de materia.

2 MALFORMACIÓN: alteración o defecto en el organismo.

Pequeño y poderoso

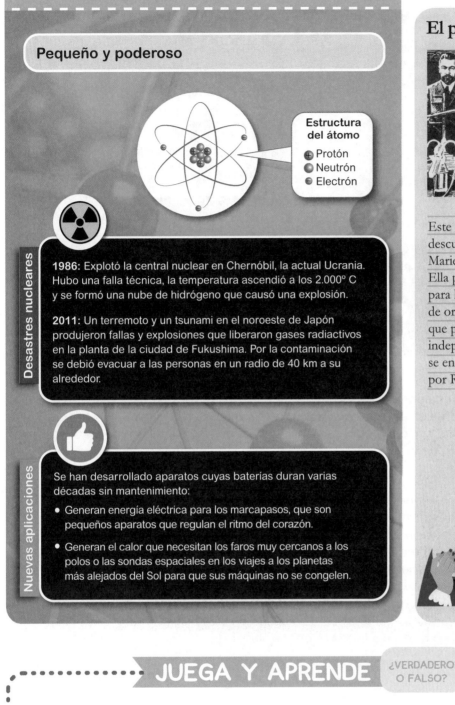

Estructura del átomo
- ⊕ Protón
- ○ Neutrón
- ⊖ Electrón

Desastres nucleares

1986: Explotó la central nuclear en Chernóbil, la actual Ucrania. Hubo una falla técnica, la temperatura ascendió a los 2.000° C y se formó una nube de hidrógeno que causó una explosión.

2011: Un terremoto y un tsunami en el noroeste de Japón produjeron fallas y explosiones que liberaron gases radiactivos en la planta de la ciudad de Fukushima. Por la contaminación se debió evacuar a las personas en un radio de 40 km a su alrededor.

Nuevas aplicaciones

Se han desarrollado aparatos cuyas baterías duran varias décadas sin mantenimiento:

- Generan energía eléctrica para los marcapasos, que son pequeños aparatos que regulan el ritmo del corazón.

- Generan el calor que necesitan los faros muy cercanos a los polos o las sondas espaciales en los viajes a los planetas más alejados del Sol para que sus máquinas no se congelen.

El polonio

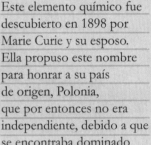

Este elemento químico fue descubierto en 1898 por Marie Curie y su esposo. Ella propuso este nombre para honrar a su país de origen, Polonia, que por entonces no era independiente, debido a que se encontraba dominado por Rusia, Prusia y Austria.

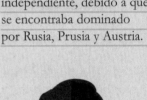

JUEGA Y APRENDE

¿VERDADERO O FALSO?

La palabra «átomo» significa «sostenible».

V **F**

El uranio no sirve para generar energía atómica.

V **F**

La energía atómica se usa principalmente para producir electricidad.

V **F**

En Hiroshima y Nagasaki se arrojaron bombas atómicas.

V **F**

LA TELEVISIÓN

Origen de la palabra

«Televisión» está formada por una palabra de origen griego: *tele* («lejos») y otra tomada del latín: *visionem* («visión»), que podría traducirse como «visión de lo lejano».

¿Quién la inventó?

En 1926, en Londres, el ingeniero escocés John Logie Baird logró transmitir por primera vez una imagen por televisión. Era la cabeza de una marioneta; se trataba de una imagen diminuta, pero todos los presentes la reconocieron.

Los comienzos

La primera emisora[1] pública de televisión se encontraba en la ciudad alemana de Berlín y debutó con la transmisión de los Juegos Olímpicos de Alemania en 1936.

Del blanco y negro al color

Durante muchos años, las imágenes se transmitieron en una escala[2] de grises, en la televisión en blanco y negro. El color recién se impuso en la década de 1970. Básicamente, se transmiten tres imágenes en blanco y negro y una en cada uno de estos tres tonos: rojo, azul y verde. Pasadas a velocidad producen la imagen en color.

GLOSARIO

1 EMISORA: canal de transmisión televisiva.

2 ESCALA: serie con tonos graduados según la mayor o menor intensidad.

3 SATÉLITE ARTIFICIAL: aparato construido por el ser humano que orbita, es decir, gira alrededor de la Tierra.

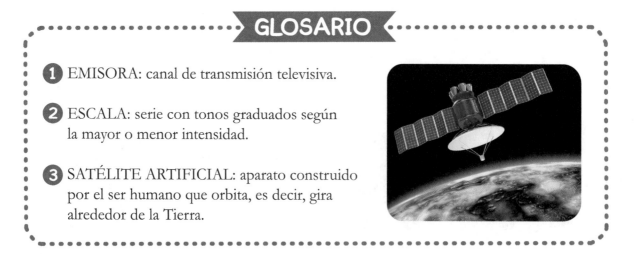

La transmisión televisiva

Cámara de televisión
Registra imágenes fotográficas a gran velocidad para que, al reproducirlas, parezca que están en movimiento. Puede grabar o transmitir directamente en los programas en vivo.

Ondas electromagnéticas
Viajan por aire desde la antena de la emisora o por un cable que se conecta a cada televisor.

Televisor
Recibe las ondas electromagnéticas por aire o por cable y las decodifica. Luego, las convierte en señales de luz para que se puedan ver en la pantalla.

Pixeles
La pantalla está dividida en imperceptibles cuadraditos llamados «pixeles». Ellos obstruyen o dejan pasar toda o parte de la luz: en conjunto forman la imagen.

Vía satélite

Las telecomunicaciones son la función más extendida de los satélites artificiales[3]. Su función es captar la señal de una emisora y retransmitirla hacia otra situada en otro lugar de la Tierra. La primera transmisión televisiva la realizó el satélite *Telstar 1* en 1962.

JUEGA Y APRENDE ¿VERDADERO O FALSO?

Baird fue el primero que logró transmitir una imagen de televisión.

V **F**

La primera emisora pública de televisión se encontraba en España.

V **F**

La señal de televisión viaja por los rayos gamma.

V **F**

La televisión en color suma imágenes en blanco y negro, y en rojo, azul y verde.

V **F**

LA COMPUTADORA

El inventor

En 1941, el ingeniero alemán Konrad Zuse construyó la primera computadora, llamada *Z3*, que pesaba más de 1.000 kg y solo hacía cálculos. Las primeras computadoras eran compartidas por muchos usuarios. Las computadoras personales (PC, en su sigla en inglés) aparecieron en la década de 1970.

Hardware y software

El *hardware* es la estructura física del aparato, como el disco rígido o las placas de memoria. El *software* es su parte intangible[1], como el sistema operativo, los programas o los datos almacenados.

Los periféricos

Sirven para el ingreso de datos o su salida de la computadora, la comunican con el exterior: el teclado, el *mouse*, el monitor, la cámara web, la impresora y el *gamepad*[2], son algunos de los periféricos más usados.

La más veloz

Es la supercomputadora china llamada *Sunway TaihuLight*. ¡Puede realizar 93 cuatrillones de cálculos por segundo! Está orientada a estudios de Ciencias Naturales y modelos geológicos[3].

GLOSARIO

1 INTANGIBLE: lo que no puede tocarse.

2 *GAMEPAD*: dispositivo para interactuar con un videojuego.

3 GEOLÓGICO: relacionado con la historia de la Tierra.

ABC de las computadoras

Hardware

Motherboard
Placa base de circuitos que comunica todos los componentes.

Disco rígido
Dispositivo de almacenamiento de programas y datos.

Procesador
Llamado también CPU (sigla en inglés para «unidad central de procesamiento») es el cerebro de la computadora. Coordina los programas y el manejo de datos; realiza las operaciones lógicas y aritméticas.

Memoria RAM
Memoria que recuerda la información de los programas que están abiertos al mismo tiempo en la computadora mientras se encuentra encendida.

Software

Sistema operativo
Programación general de la computadora. Coordina los programas, el *hardware* y organiza los archivos. El más utilizado es Windows, de la empresa Microsoft, que se identifica por su gráfica de ventanas o cuadros de diálogo.

Otros componentes del *software*
Procesadores de texto, hojas de cálculo, videojuegos, etcétera.

Deep Blue

Fue una supercomputadora creada por la empresa IBM para jugar al ajedrez. Se enfrentó al campeón mundial, el ruso Garry Kasparov, en 1997. *Deeper Blue* (*Deeper* es un apodo no oficial) ganó el encuentro a seis partidas y se convirtió en la primera computadora en vencer a un campeón de ajedrez.

IBM

JUEGA Y APRENDE ¿VERDADERO O FALSO?

Z3 era una computadora personal.

La impresora es un periférico.

La computadora más veloz es de origen chino.

El disco rígido es el sistema operativo.

V   F   V   F   V   F   V   F

LA INTERNET

El origen
La primera red de computadoras se llamó ARPANET. Varios programadores —como Robert Taylor y Joseph Licklider— aportaron sus ideas para este proyecto que, en 1969, conectó las computadoras de varias universidades.

La red mundial
En 1991, el británico Tim Berners-Lee presentó la *World Wide Web* (WWW), la red mundial de computadoras. Con sus colaboradores desarrolló la noción de hipertexto[1], el protocolo[2] para transferirlo (http, *HyperText Transfer Protocol*) y un sistema para nombrar las páginas y poder ubicarlas.

Los sitios de la red
Están identificados por un nombre localizador, la URL (*Uniform Resource Locator*). A esta se suman una categoría (*.com* es comercial) y dos caracteres para el país (*.ar* es Argentina). Una dirección completa es, por ejemplo: https://www.editorialguadal.com.ar

Funciones
Internet permite visitar sitios de la red, enviar archivos y correos electrónicos, hacer comunicaciones de telefonía, de chat o realizar videoconferencias, jugar en línea y muchas otras funciones.

GLOSARIO

1 HIPERTEXTO: textos, gráficos, imágenes, etcétera, relacionados por medio de enlaces.

2 PROTOCOLO: reglamento para la comunicación entre dos sistemas.

3 ALGORITMO: conjunto de operaciones que sirve para resolver un problema.

Google

Los fundadores
Fueron el estadounidense Larry Page y el ruso Sergey Brin en 1998. ¡Tenían 25 años! Es el sitio web más visitado a nivel mundial.

El nombre
Es una variación inspirada en el número *gúgol* que representa el uno seguido de cien ceros, por la enorme cantidad de información de la web.

Google

¿Qué es Google?
Es un buscador de internet, es decir, un sitio web que mantiene un listado actualizado de las páginas de la red. Cuando alguien solicita una búsqueda sobre un tema, le presenta una selección de direcciones web.

PageRank
Es una serie de algoritmos[⊘] que le ponen un puntaje de importancia a cada sitio web. Por ejemplo, tiene en cuenta el idioma del usuario para seleccionar las direcciones. Fue patentado por los fundadores de Google en 1999.

Otros productos y servicios

Gmail
Es un correo electrónico.

YouTube
Es un sitio web para compartir videos.

Google Maps
Mapas satelitales que también se pueden recorrer.

Android
Es un sistema operativo para dispositivos móviles.

Los *hackers*

Son expertos en seguridad informática. Se clasifican como «sombrero blanco» o «sombrero negro», según actúen dentro o fuera de la ley. La división se tomó de las películas de vaqueros en las que el héroe siempre llevaba el sombrero blanco y el villano, el negro.

JUEGA Y APRENDE ¿VERDADERO O FALSO?

ARPANET fue la primera red de computadoras.

WWW significa *World Wide Web*.

La internet solo sirve para jugar en línea.

El buscador más usado es Altavista.

LOS ROBOTS

Origen del nombre

La palabra «robot» proviene del checo[1] y significa «siervo»[2]. En 1920, el escritor Karel Čapek la aplicó a máquinas animadas en su obra teatral RUR (*Robots Universales Rossum*), en la que conquistaban el mundo.

Una definición

Un robot es una máquina gobernada por una computadora que combina sistemas electrónicos y mecánicos para realizar una tarea.

El inventor

Fue el estadounidense George Devol. En 1948, patentó una máquina que podía agarrar objetos y era programable. Veinte años más tarde, instaló el primer robot industrial llamado *Unimate* en una fábrica: apilaba pesadas piezas de metal caliente.

Inteligencia artificial

En la actualidad, se está intentando desarrollar la inteligencia artificial para que los robots reaccionen a diferentes estímulos[3], se relacionen con otros seres y tengan la capacidad de razonar.

GLOSARIO

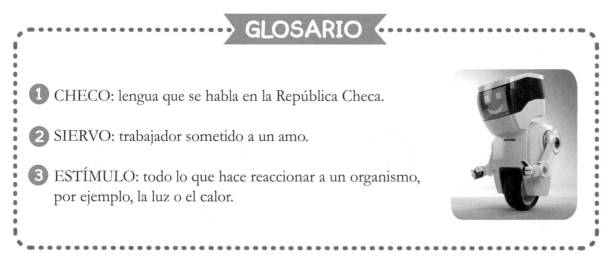

1 CHECO: lengua que se habla en la República Checa.

2 SIERVO: trabajador sometido a un amo.

3 ESTÍMULO: todo lo que hace reaccionar a un organismo, por ejemplo, la luz o el calor.

¿Qué clases de robots se han desarrollado?

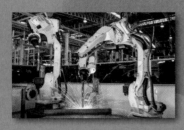

Brazos robóticos
Tienen varias articulaciones programables y pueden repetir los movimientos regularmente, por eso se utilizan en las fábricas.

Androides
Tienen forma humana, pero todavía son experimentales. Por ejemplo, ASIMO, de la empresa Honda, puede correr, subir y bajar escaleras, agarrar objetos y reconocer rostros.

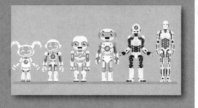

Móviles
Se desplazan sobre plataformas de ruedas. Algunos se usan en ambientes desfavorables para el ser humano, como el *Rover Opportunity* que recorrió el planeta Marte durante catorce años.

Zoomorfos
Tienen forma de animales o se desplazan como ellos. Uno muy famoso fue AIBO, de la empresa Sony, que se vendió hasta 2005 como mascota de entretenimiento.

Las tres leyes de la robótica

El científico y escritor de ciencia ficción Isaac Asimov estableció tres leyes que debiera respetar un robot:
1) No dañar a un humano;
2) Obedecer las órdenes de los humanos, excepto las que lo obliguen a lastimar a personas;
3) Protegerse a sí mismo sin quebrantar las dos primeras leyes.
Aún no se cumplen porque los robots actuales no pueden comprenderlas.

JUEGA Y APRENDE ¿VERDADERO O FALSO?

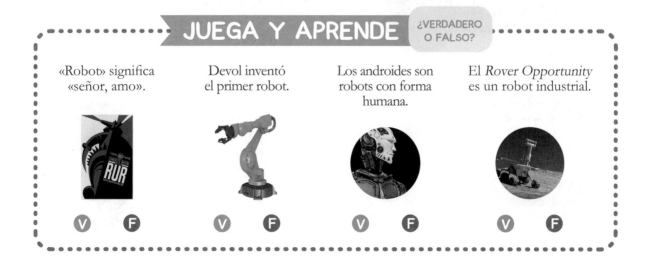

«Robot» significa «señor, amo».

Devol inventó el primer robot.

Los androides son robots con forma humana.

El *Rover Opportunity* es un robot industrial.

V F   V F   V F   V F

INVENTOS ESCONDIDOS

Anota el nombre de los inventos escondidos en los círculos.
Pueden estar escritos en el sentido de las agujas del reloj o en el contrario.

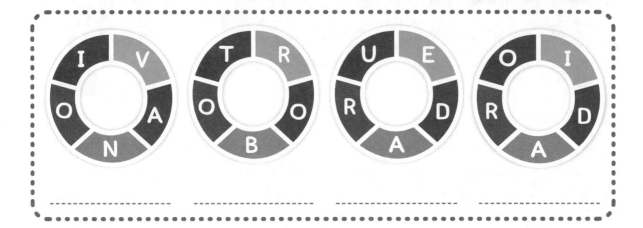

------------------ ------------------ ------------------ ------------------

INVENTORES E INVENTOS

Une con flechas a cada inventor con su invento.

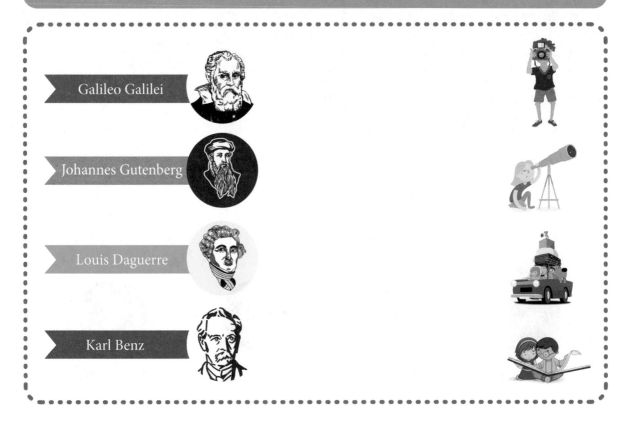

Galileo Galilei

Johannes Gutenberg

Louis Daguerre

Karl Benz

SOPA DE INVENTOS

Encuentra en la sopa de letras los nombres de los siguientes inventos:

CELULAR - ROBOT - AVIÓN - SATÉLITE - MOTOR
COMPUTADORA - CINE - INTERNET - RUEDA - RADIO
RADIOGRAFÍA - LOCOMOTORA

P	I	L	C	E	L	U	L	A	R	L
R	O	B	O	T	I	N	C	T	A	O
S	L	A	M	R	N	Q	U	E	D	C
A	B	V	P	A	T	R	A	D	I	O
T	R	I	U	N	E	S	M	P	O	M
E	M	O	T	O	R	F	C	E	G	O
L	I	N	A	F	N	O	I	H	R	T
I	P	E	D	M	E	R	N	B	A	O
T	A	L	O	P	T	I	E	N	F	R
E	X	C	R	U	E	D	A	R	I	A
L	U	M	A	F	O	T	O	L	A	W

¡QUÉ CONFUSIÓN!

Descubre en la imagen las figuras de vehículos con ruedas, barcos y aviones.

¿QUIÉN ESTÁ AHÍ?

Une los números del 1 al 40 y descubre la figura de un invento genial.
Luego, marca con X las respuestas correctas.

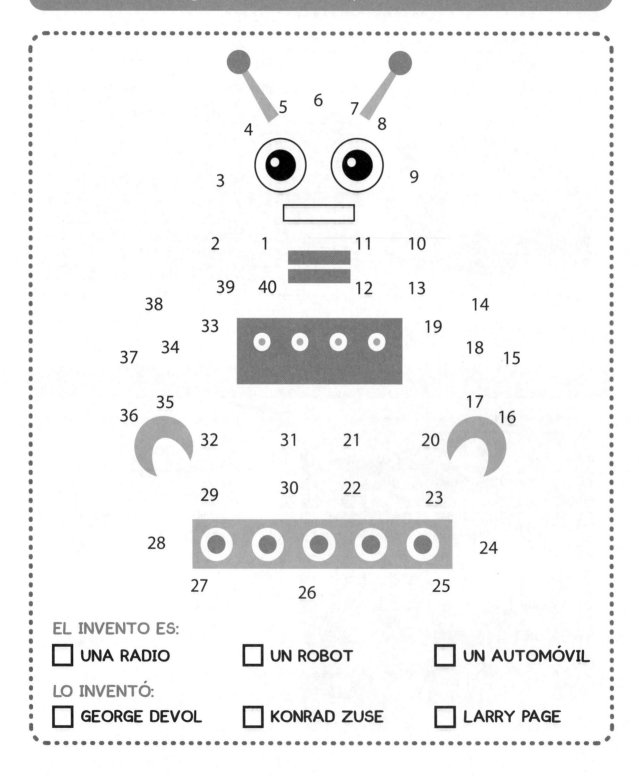

EL INVENTO ES:

☐ UNA RADIO   ☐ UN ROBOT   ☐ UN AUTOMÓVIL

LO INVENTÓ:

☐ GEORGE DEVOL   ☐ KONRAD ZUSE   ☐ LARRY PAGE

» Soluciones

INVENTORES E INVENTOS

INVENTOS ESCONDIDOS

AVIÓN
ROBOT
RUEDA
RADIO

SOPA DE INVENTOS

CELULAR - ROBOT
AVIÓN - SATÉLITE - MOTOR
COMPUTADORA - CINE - INTERNET - RUEDA
RADIO - RADIOGRAFÍA - LOCOMOTORA

¡QUÉ CONFUSIÓN!

¿QUIÉN ESTÁ AHÍ?

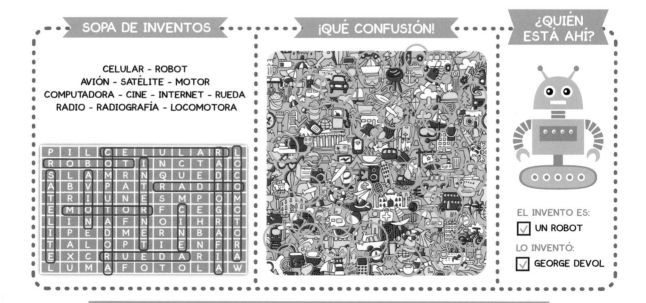

EL INVENTO ES:
☑ UN ROBOT

LO INVENTÓ:
☑ GEORGE DEVOL